武汉大学 | 两岸及港澳法制研究书系

台湾地区司法机构
政治功能研究

沈 翀 | 著

九州出版社 | 全国百佳图书出版单位
JIUZHOUPRESS

图书在版编目（CIP）数据

台湾地区司法机构政治功能研究／沈翀著. --北京：
九州出版社，2017.9
ISBN 978－7－5108－5990－8

Ⅰ.①台…　Ⅱ.①沈…　Ⅲ.①司法机关－研究－台湾
Ⅳ.①D927.580.612

中国版本图书馆 CIP 数据核字（2017）第 240480 号

台湾地区司法机构政治功能研究

作　　者　　沈　翀著
出版发行　　九州出版社
地　　址　　北京市西城区阜外大街甲 35 号（100037）
发行电话　　（010）68992190/3/5/6
网　　址　　www.jiuzhoupress.com
电子信箱　　jiuzhou@jiuzhoupress.com
印　　刷　　北京九州迅驰传媒文化有限公司
开　　本　　720 毫米×1020 毫米　　16 开
印　　张　　9.5
字　　数　　158 千字
版　　次　　2017 年 12 月第 1 版
印　　次　　2017 年 12 月第 1 次印刷
书　　号　　ISBN 978－7－5108－5990－8
定　　价　　28.00 元

目　　录

绪　　论

一、选题缘起

2013 年 7 月 5 日，台湾地区司法机构①"大法官"作成"释字第 710 号解释"，宣告限制大陆居民程序性权利的"台湾地区与大陆地区人民关系条例"（以下简称"两岸人民关系条例"）第 18 条第 1 项和第 3 项不符合保障基本权利的意旨，在"解释"公布之日起两年内失其效力。这是台湾地区司法机构第一次对区隔两岸居民的台湾地区相关规定做出否定性评价的"解释"，在一定程度上动摇了台湾地区公权力对于台湾居民和大陆居民"区别对待"的准则。② 台湾地区司法机构在两岸关系和平发展的大背景下，做出了符合两岸民意的"解释"。

由此回溯至 20 年前的 1993 年，台湾地区司法机构"大法官"作成"释字第 328 号解释"，以"政治问题不审查"为由，回避部分台湾地区民意代表提出"中国大陆是否为'宪法'所称'固有疆域'"的疑义，避免在司法层面因应统"独"问题。③ 然而，在 1993 年至 2008 年的 15 年间，台湾地区司法机构扮演了并不光彩的角色：从"释字第 479 号解释"为"去中国化"打开规则之门，到"释字第 618 号解释"作成歧视大陆配偶的"解释"，并形成"区别对待"准则，台湾地区司法机构不仅没有助力两岸交往，反而向着"释宪台独"的方向滑落。

除了在两岸关系上的表现外，台湾地区司法机构在其他领域也表现出较强的司法能动主义（judicial activism），其顶峰是于 2000 年作成的"释字第

---

① 书中所涉及的"司法机构"特指台湾地区职司"解释宪法""统一解释法律"及命令之权的司法机构，该机关在台湾地区称为"司法院"。如涉及台湾地区其他层级的司法机关，本书将予以特别标注。

② 祝捷：《平等原则检视下的大陆居民在台湾地区权利保障问题——以台湾地区"司法院""大法官解释"为对象》，载《法学评论》2015 年第 3 期。

③ 参见"释字第 328 号解释"，台湾"法源法律网"，http://db.lawbank.com，最后访问时间：2016 年 1 月 28 日。

499 号解释",该"解释"废止 1999 年台湾地区"国民大会"通过之"宪法增修条文",司法权侵入"修宪权",在世界上亦属不多见。除此以外,台湾地区司法机构在台湾地区副领导人得否兼任行政部门负责人、台湾省和"福建省"之地位、"核四"停建风波、"三·一九枪击案"、"通讯传播委员会"以及台湾地区领导人之地位、台湾地区立法机构选举方式等问题上,均作成"解释",以各种方式介入台湾地区政治生活,起着诠释、修补甚至颠覆台湾地区政权体制的功能。可以说,在世界各国和各地区的司法机构(特别是职司宪法审判的最高司法机构)纷纷收紧司法权,趋向司法消极主义的今天,台湾地区司法机构的司法能动主义姿态,使之成为台湾政坛乃至于两岸关系框架内不可忽视的重要力量。

再联想 2016 年 1 月 16 日,至今没有承认"九二共识"和至今没有放弃"台独"党纲的民进党再度赢得选举人选举,并在台湾地区立法机构中占据超过一半席位。在更早的 2014 年年底,民进党在台湾地区地方层次的选举中获得包括 5 个主要都市在内的大部分台湾地区地方县市执政权。民进党从 2016 年起,已经在立法、行政以及地方县市全面执政。在台湾地区现行的政权体制内,唯一能够对民进党形成有效制约的,只有现行的台湾地区司法机构。① 因此,台湾地区司法机构在两岸关系中成为能够用于遏制"台湾法理独立"的重要力量。

在上述背景之下,台湾地区司法机构的政治功能已经成为中国宪法学和比较宪法学框架内有着急切研究必要性的问题。第一,台湾地区司法机构如前所述,已经有了丰富的、参与台湾政治领域的实践,作为中国因历史遗留问题而产生的特别地区,这一实践显然已经构成中国宪法学的一个特殊现象,值得研究。第二,从法技术角度而言,台湾地区司法机构也扮演着推动本地区政治转型和政治发展的关键角色,已经成为通过司法推动威权政治体制向民主政治体制转型的范例,也因而成为各国和各地区政治学者和宪法学者研究的热点问题之一,在一个中国框架内,将台湾地区司法机构作为比较宪法学的一个研究对象,探讨职司"宪法审判"的司法机构在政治转型中的作用,亦有必要。第三,台湾地区司法机构在台湾地区政权体制中有着特殊的地位和作用,对于台湾地区司法机构政治功能的研究,也有助于更加清

---

① 截至本书结束时,台湾地区司法机构 15 名"大法官"均为马英九当局在 2008 年后任命,其政治立场大多倾向国民党。

晰地认识台湾地区政权体制，从而为遏制"台湾法理独立"提供理论支撑。第四，更加重要的是，在反"台独"形势渐趋严峻的条件下，运用法治思维和法治方式遏制"台独"已经成为当务之急，不论是从警惕和遏制"释宪台独"，还是从合理借助台湾地区司法机构遏制"台湾法理独立"，存续台湾地区相关规定上的"一中框架"，都有必要对台湾地区司法机构的政治功能进行深度剖析。

本书对台湾地区司法机构功能的定义，主要在两个层面展开：1）台湾地区司法机构对台湾地区内部公权力决策、政权架构、"府际"关系以及对于两岸关系施加影响的可能性及其效应；2）台湾地区司法机构作为职司"违宪"审查权的司法机构，侵入政治领域的可能性及其效应。本书认为，此两层面是相对统一的，理由是：1）台湾地区司法机构对政治产生影响力须得经过一定的途径，而"司法违宪审查"则是台湾地区司法机构影响政治的主要途径，两者构成"体用"关系；2）对台湾地区司法机构发挥政治功能的质疑，在实践层面主要集中于台湾地区司法机构"司法违宪审查"侵入政治领域之"正当性"问题，因而在问题意识上，以上两个层面的问题又具备同一性。因此，本书在使用政治功能时，并不严格区分上述两个层次。

本书将从制度框架、理论基础、制度实践和未来发展等几个方面，对台湾地区司法机构的政治功能进行研究，探索台湾地区司法机构发挥政治功能之组织形态、制度途径的一般性规律，形成具有理论性和对策性的研究结论，以期助力于遏制"台湾法理独立"和推进具备可持续性的两岸关系和平发展。

当然，对于本书的一个可能疑惑，是在大陆没有承认台湾地区现行"宪法"的合法性，也并未承认根据台湾地区现行"宪法"建构的公权力机构时，本书以宪法理论考察台湾地区司法机构的政治功能，是否逾越政治界限？本书认为，这一疑惑是完全没有必要的：第一，本书对台湾地区司法机构政治功能之研究，只是将之作为一个研究对象，用宪法学理论加以研究，并不意味着本书承认其"合法性"，更不意味着本书承认台湾地区现行宪制性规定的"合法性"；第二，本书探讨问题的立场和方法，完全是在一个中国框架之内，所有立论和论证均根据党和国家对台基本政策和策略形成；第三，一些敏感提法和特定的表述，本书都将根据国家新闻出版广电总局的出版规定进行必要的处理，对于本书创制的若干新提法，也将进行充分说明和论证。综上，不论是政治立场还是表述方法，本书都不存在逾越党和国家对台政策的可能。

二、研究方法

本书的学科定位是法学，理应使用法学的研究方法，法学研究方法因而是本书主要研究方法。本书的研究对象——台湾问题和两岸关系——并非是一项纯法学的问题，而是兼具历史学、政治学、国际关系等多学科的综合性问题。特别是台湾问题在我国社会学科体系中的地位十分尴尬和敏感，缺乏明确的学科定位，因而如何通过法学的视角研究本书所涉及的问题，本身就是一项严肃的方法论问题。

（一）对当前法学理论用于研究台湾问题之方法的回顾与检讨

台湾问题起于历史学研究，其发轫是与中国近代史有着密切联系的国民党史研究。① 在台湾地区政治局势逐渐祛除党化色彩后，政治学、经济学、国际关系等学科纷纷加入对于台湾问题和两岸关系的讨论。法学除从法制史的角度对台湾地区相关制度演变进行过研究外，较少介入这一问题。

由于台湾问题涉及"主权""治权"等法学概念和台湾地区的国际法地位问题，而台湾当局在 20 世纪 90 年代后的两岸关系立法，也使得法学开始介入台湾问题研究，特别是"主权"概念主要涉及的国际公法学和台湾地区两岸关系立法涉及的国际私法学，已经开始深度研究台湾问题。② 2001年，中华人民共和国以主权国家身份加入世界贸易组织（以下简称 WTO），而台湾地区也以"台澎金马单独关税区"名义成为 WTO 的正式成员。两岸加入 WTO 以及共处 WTO 的法律问题，引发 WTO 法学者对于两岸关系和台湾问题的关注。③ 由此可见，台湾问题虽不是国际法问题，但主要投入研究的法学力量，却以国际法学者为主。

大陆的学界也逐渐开始意识到台湾问题的法学属性。特别是在 2005 年《反分裂国家法》制定和通过的前后，法学开始深度介入台湾问题研究，台湾问题的法学属性特别是"宪法"属性逐渐为学界公认和接受。2008 年台湾地区政治局势发生有利于两岸关系和平发展的变化后，两岸借助海峡两岸

① 参见陈孔立：《台湾学导论》，博扬出版社 2004 年版，第 142 页。
② 韩德培：《国际私法问题专论》，武汉大学出版社 2004 年版，第 127—164 页。
③ 参见修春萍、刘佳雁：《论台湾参与国际组织的几个法律问题》，载《台湾研究》2005 年第 5 期。

关系协会（以下简称"海协会"）和台湾的财团法人海峡交流基金会（以下简称"海基会"）形成两岸两会事务性商谈框架（以下简称"两会框架"），在 2008 年至 2014 年间达成一系列规范两岸相关主体行为的协议（以下简称"两岸协议"），涵盖行政法规范、民商事法规范、刑事法规范、税法规范等各领域，加上两岸交往产生一系列法律问题，从而引发法学多学科对于两岸关系的讨论。

有学者将法学学科在台湾问题论域内的运用总结为三个方面：1）对象式研究，研究两岸关系或台湾地区规则问题，或介绍某项具体的有关制度，或分析某个重要的案例；2）探佚式研究，将法律规定作为研究线索或支撑研究结论的论据，在此类研究中，法律规范并非是研究的起点，而是支撑其他观点或补强政治言说的论据；3）概念式研究，在台湾问题研究中引入若干法学的基本概念，用以解释两岸关系中的某些现象，在这类研究中，被引入的法学概念一般按照其在法学理论体系中的通常含义理解，较少对法学概念本身进行创新与发展。① 尽管该学者描述法学运用于台湾问题的三个方面，目的是批判当前法学运用于台湾问题的局限性，并为其构建一种台湾研究新范式服务，但实际上也提出从法学视角研究台湾问题的主要方法，即：

第一，对象式研究。对象式研究的主要目的，是通过对于制度和案例的分析，讨论台湾地区某项制度安排或重要案例。对象式研究是台湾问题研究中与一般法学研究最为接近的部分。学者大多运用规范分析、文本分析、逻辑分析等方法，将台湾地区的规定和裁判文书作为样本进行分析，从而窥探台湾地区相关制度和重要案例。

第二，探佚式研究。探佚式研究的主要目的，是为论证政治决断提供法理依据，因而该研究比较接近于政治法学的研究。在探佚式研究中，学者一般不会使用严谨的法学研究，而是通过对于法条的遍历和筛选，寻找能够支撑政治人物政治决断或学者自身政治判断的法律规范。因此，探佚式研究更加注重的不是法条本身的表述，而是做成法条文本背后的政治逻辑和政治因素。

第三，概念式研究。概念式研究的主要目的，是将法学中的某些概念，引入台湾问题研究。如周叶中教授和段磊博士通过与国际条约的类比，研究

---

① 祝捷：《论"宪政—治理"框架下的两岸政治关系合情合理安排》，载《台湾研究集刊》2015 年第 5 期。

两岸协议的实施制度，将"接受""纳入""域内适用"等"条约法"的概念引入两岸协议研究，当然，这种类比和借用仅仅是从法技术角度而言的。① 又如朱松岭教授在论证"中华民国"之地位时，引入了民法上的"宣告死亡"制度。朱松岭教授认为，这种引入能够较好地解释"中华民国""事实存续而法理未存续"的状态。② 概念式研究并不在意支撑该概念以围绕该概念建构的制度，而是着力于该概念本身的内涵和外延，将之与台湾问题中的某些现象予以类比。当然，这种类比有的是合适的，有的却有"为附新诗强作愁"的嫌疑。

除此三种相对常见的研究路径外，有学者也另辟蹊径，结合一般法学原理构建适应台湾问题研究的新思路和新框架。如周叶中教授提出的"两岸治理"理论，认为两岸已经通过两岸协议的制度供给，正在形成一个"两岸治理"的结构。③ 祝捷教授延续"治理"的思路，结合两岸相关规则都体现一个中国框架的特点，提出"宪制—治理"框架，并将之运用于解决两岸间最为棘手的政治关系定位问题，而没有采取借用国际公法上比较成熟的"主权""治权"等概念。④ 这些研究为拓展通过法学研究台湾问题的方法论贡献了法律人的智慧。当然，这些方法论的贡献自身也存在着缺憾：其一，法学是有着严谨知识谱系和学科传承的体系，上述新研究方法和框架与原有法学体系是否衔接？如何衔接？其二，法学新理论和新方法的建构，需在法律规范层面或者法律现象层面寻找到足以附丽的基础，上述新研究方法和框架在此方面，至少没有做出清晰的交代；其三，虽然法治已经被两岸共同接受为一种社会治理的方式，但两岸相关制度毕竟不同，新研究方法和框架如何同时统摄两岸，为两岸共同接受？这些问题，都需要做出进一步地回答和深入研究。

（二）本书拟使用的研究方法

正如周叶中教授指出的那样，构建两岸关系和平发展框架的法律机制既是实践论体系，又是教义学体系。法治思维和法治方法运用于台湾问题和两岸关系研究，不仅是法学知识和法学理论在具体问题上的一种运用，而且从

---

① 参见周叶中、段磊：《论两岸协议的接受》，载《法学评论》2014 年第 4 期。
② 参见朱松岭：《国家统一宪法学问题研究》，香港社会科学出版社有限公司 2011 年版。
③ 参见周叶中、祝捷：《两岸治理：一个形成中的结构》，载《法学评论》2010 年第 6 期。
④ 祝捷：《论"宪政—治理"框架下的两岸政治关系合情合理安排》，载《台湾研究集刊》2015 年第 5 期。

问题的面向，推动法学研究的更加成熟。

第一，应当明确法律在台湾问题论域的规范性作用。法学是围绕法律规范为核心的社会科学，法律规范既是法学研究的对象，也是法学与其他社会科学相区别的关键所在。法学研究运用于台湾问题，其用意在于借助法律规范的特性，否则无法与历史学、政治学、经济学和国际关系等学科运用于台湾问题领域相区分。对于台湾问题而言，法律的规范性作用至少有三项：其一，法律规范具有权威性的特点，运用具有权威性的规范语言，明确大陆和台湾各自政治立场所确立的两岸政策和两岸通过各种途径所确立的政治性共识（如"九二共识"）和事务性共识，用以强化这些共识的权威性；其二，公开性，是法律规范的一项重要特征，借助法律规范需要公开的特点，在两岸公共领域公开展示两岸各自的政策和所达成的共识，用以强化两岸各自政策和相关共识的公开性；其三，法的目的是以权利义务机制调整社会关系，而在台湾问题领域引入法律规范，有助于确定各方行为主体的权利义务关系，为各主体的行为提供规范性的指引。

第二，应当明确法律在台湾问题论域的策略性作用。法治思维和法治方式运用于台湾问题，是台湾问题自身演化和发展的需求所致。不可讳言，当前法学对于台湾问题的介入，其深度和广度仍然不足以满足应对和解决台湾问题的需求，主要体现在解析有余而应对不足上。因此，从法学角度研究台湾问题，还能够为解决面对台湾问题和两岸关系的棘手问题时，提供具有参考性的策略。有学者曾经对"立场定位"范式和"策略定位"范式进行过研究。该学者认为，"立场定位"范式是两岸学者立基于特定的政治立场，为理论研究预设结果，再运用政策言说或理论建构的研究方法，来获致基于政治立场而被预设的结果；而"策略定位"范式是从"立场可实现性"的角度，思考和探索特定的立场如何在现实中实现的问题，不是简单地重复或阐发这一立场。① 本书同意上述判断，并认为"策略定位"范式是法治思维和法治方式运用于台湾问题的新思考方向，值得重视。法律并不是简单地将政治决断予以规范化，法律也能够通过自身的规范功能，积极地巩固正确的政治决断或者推动政治决断向有利于两岸关系和平发展的方向发展。因此，法治是一种资源，是一种策略体系，应当为解决两岸所面临的问题提供解决

---

① 祝捷：《两岸关系定位与国际空间——台湾地区参与国际活动问题研究》，九州出版社 2013年版，第 6 页。

路径和思路。

第三，应当明确法律在台湾问题论域的标准性作用。"定分止争"，是法律最为原初的功能。法律之所以能够"定分止争"，是因为法律为法律关系主体的行为提供了指引，确定了各自行为的边界，以及在交往中所确立的权利义务关系。[①] 也就是说，法律实际上提供了一套交往主体的标准。法律的标准功能在台湾问题论域内，也应当获得足够的重视和运用。对于法律在台湾问题论域内的标准性作用，可以从以下三个方面加以理解：其一，当前两岸间存在着以"九二共识"为最高标准的各层次标准，而这些标准都体现在两岸各自的有关规范上，有关规范将这些政治共识和事务性共识基础上的标准，用规范语言予以确定，使之具有权威性、公开性和权利义务性，但是有关规范并非是受制于政治共识和事务性共识，而是能动地确认和巩固这些共识所确立的标准，不因政治立场的变动而随意变动，使之受到有关规范的约束；其二，由于种种难以名状的原因，两岸间的各种共识以及由此确定的标准，存在着各种模糊，如"九二共识"本身在两岸的理解就各有不同。因此，通过法律规范明确标准的边界，使之在包容差异的前提下，在运行过程中不发生扭曲，特别是不因人为的原因发生歪曲。

本书在研究方法上的定位，是以法学研究方法研究台湾问题，且研究对象为台湾地区司法机构的政治功能，姑且可以归入前述对象式研究的范畴。本书并不局限于对具体制度或法律现象的研究，而是根据"策略定位"范式的要求，对如何应对台湾地区司法机构的政治功能，从其积极方面和消极方面进行策略性研究。为此，本书将以马克思主义唯物辩证法为总的方法论，在研究上具体采取下列方法进行研究：

第一，规范分析法。本书的立足点为法学研究，因而对于"法律"规范、"裁判文书"的研究，是本书的核心。台湾地区司法机构发挥政治功能，也是通过"裁判文书"（"大法官解释"）形成的。因此，本书将采取规范分析的方法，以台湾地区相关规定、"大法官"的"裁判文书"为分析对象，综合运用规范分析中的语义分析法、逻辑分析法、概念分析法等研究方法，探索"大法官"政治功能及其产生的方式。

第二，历史分析法。台湾地区司法机构发挥政治功能既是一个现实问题，也是一个历史问题。在台湾地区的政治演进史上，台湾地区司法机构曾

---

① 严存生：《法理学》，中国政法大学出版社 2009 年版，第 67 页。

多次在重大关口做出决定性的"解释"。如开启"万年国大"的"释字第
31号解释"、为台湾地区在20世纪90年代后的"宪政改革"开启大门的
"释字第261号解释"、废止第5个"宪法增修条文"的"释字第499号解
释"等等，都对于台湾地区政治演进起到了决定性甚至是颠覆性的作用。①
不了解台湾地区的政治演进史，尤其是20世纪90年代之后的"宪政改革"
史，就无法了解台湾地区司法机构的政治功能，而不了解台湾地区司法机构
的政治功能，也就无法真正理解台湾地区政治演进的历史。因此，本书探讨
台湾地区司法机构的政治功能，将放置在台湾地区政治演进的历史中，通过
历史逻辑与法律逻辑、政治逻辑的结合与互动，展开问题的探讨。

　　第三，比较分析法。美国最高法院、德国联邦宪法法院、法国宪法委员
会等国家和地区职司宪法解释的机构，都具有一定的政治功能，而且也形成
了相应的理论体系。台湾地区司法机构在进行解释时，也经常性地引用一些
国家或者地区的案例和理论。尽管本书否定台湾地区司法机构在法理上的
"正当性"，但合理借鉴上述比较法的知识，从法技术层面对台湾地区司法
机构进行比较研究，既是合理的，也是完全必要的。因此，本书将引入美国
宪法上的"抗多数困境"（counter-majoritarian difficulty）理论及其系列争
议、美国的政治问题不审查（non-review principle on political issues）理论和
德国的"统治高权"理论、我国香港特别行政区终审法院的政府行为理论
等，对台湾地区司法机构的相关问题进行讨论。当然，在必要时，也会结合
上述国家和地区的类似案例，与台湾地区司法机构作成的类似"解释"进
行比较研究。

　　除此以外，本书还将综合使用理论分析法、文献分析法等法学研究的常
见方法进行研究。

三、研究框架

　　本书以台湾地区司法机构的政治功能为研究对象，全书除绪论外共分6
章。全书根据台湾地区司法机构发挥政治功能之组织形态、理论基础、制度
实践和未来发展谋篇布局，其中：

　　"组织形态"主要介绍台湾地区司法机构的历史沿革、组织结构、职权
范围、运行机制等。"组织形态"部分包括第一章。

---

　　①　参见本书第四章。

"理论基础"主要讨论台湾地区司法机构得以发挥政治功能的理论基础及其所面临的理论困境。本部分将从孙中山先生的"五权宪法"学说入手，分析"司法权"在"五权宪法"中的地位与作用，1946 年"宪法"对于"司法院"的设计与构建，并引介比较宪法学上的"抗多数困境"理论，[①]分析台湾地区司法机构在发挥政治功能时的困境和界限。"理论基础"部分包括第 2 章。

"制度实践"根据台湾地区司法机构作成的 700 余个"解释"，[②] 根据两岸关系、政权体制、"府际"关系等 3 个部分进行论述，从台湾地区司法机构的"大法官解释"制度中，研究台湾地区司法机构的政治功能。"制度实践"是本书的重点与核心，包括第 3、4、5 章，分别对应上述所言的两岸关系、政权体制和"府际"关系。

"未来发展"主要讨论台湾地区政治局势不断深刻发展与变化的背景下，台湾地区司法机构如何在"政治的荆棘丛"中行走，研究台湾地区司法机构在遏制"台湾法理独立"方面的特殊作用。当然，本书同时也讨论台湾地区司法机构走向"释宪台独"的可能性、发生契机和应对策略等问题。"未来发展"部分包括第 6 章。

---

① 亚历山大·比克尔：《最小危险部门》，北京大学出版社 2007 年版，第 17 页。
② 参见台湾地区司法机构"解释"，台湾"法源法律网"，http：//db. lawbank.com，最后访问时间：2016 年 1 月 28 日。

第一章　组织形态：台湾地区司法机构的基本情况

台湾地区司法机构处在台湾地区司法体制的顶端，其具体职能最早被规定在 1946 年"宪法"之中。1946 年"宪法"规定称，"司法院"为最高司法机关，掌理民事、刑事、行政诉讼的审判，以及公务员的惩戒；并负责"解释宪法"，有"统一解释法律"及命令之权。但基于台湾地区所采取的一元多轨司法体制，台湾地区司法机构实际只职司"解释宪法""统一解释法律"及命令之权。在此之后，台湾地区司法机构的职权通过第 2、第 7 个"宪法增修条文"得以扩充，增加组成"宪法法庭"审理政党"违宪"解散和"总统""副总统"弹劾案件的权限。台湾地区司法机构因其职权行使在台湾地区的政治生活中占据着极为重要的位置。

第一节　台湾地区司法机构"大法官"制度的历史沿革

对台湾地区司法机构"大法官"制度的历史沿革加以介绍首先逃不开的就是对其历史时期进行划分。台湾地区学者主要有以下几类划分方法：一是按照台湾地区的政治发展脉络划分；二是按照"大法官释宪"所依照的台湾地区有关规定的文本来划分；三是根据"大法官"的届次予以划分。在本书中作者采用第二类划分方法，划分为台湾司法机构"会议规则"时期（以下简称"规则"时期）、台湾地区司法机构"大法官会议法"时期（以下简称"会议法"时期）及台湾地区司法机构"大法官审理案件法"时期（以下简称"审理法"时期）三个时期。

一、台湾地区司法机构"大法官会议规则"时期

政治协商会议 12 项关于协定"宪草"修改原则的第 4 项最早对"司法院大法官"做出了规定，规定称："司法院即为最高法院，不兼管司法行

政，由大法官若干人组织而成。……"① 在此之后，"中华民国宪法"于1946年在国民党政府的"制宪国民大会"得以通过。1946年"宪法"第77条规定称："司法院为最高司法机关，掌理民事、刑事、行政诉讼的审判，以及公务员的惩戒。"第78条规定称："司法院解释宪法，并有统一解释法律及命令之权。"由于台湾地区采取所谓一元多轨的司法体制，在台湾地区司法机构外还设有"最高法院""行政法院"和"公务员惩戒委员会"，分别审理民刑事案件、行政诉讼案件和公务员惩戒案件。是故，"司法院"并不享有"宪法"上规定了的以上案件的审判权，只实际享有"解释宪法""统一解释法律"及命令的权力。②

"1948年6月24日，'司法院组织法'公布施行"（"司法院组织法"以下简称"组织法"）。根据该规则第3条的规定，"司法院"以9名"大法官"组成"大法官会议"的形式"解释宪法"和进行"统一解释法律"及命令。1948年8月，第一届"大法官会议"在南京成立。同年9月15日，"大法官会议"根据"司法院组织法"，自行通过了"司法院大法官会议规则"（以下简称"会议规则"）。1949年，"司法院"对"会议规则"进行了修正。在此次修正中，"大法官"的出席要求和表决规则发生了较大变化。根据新修正的"会议规则"的规定，"大法官"开会仅要求"中央"所在地全体"大法官"的2/3以上出席；若要做出决议，仅须"中央"所在地全体"大法官"过半数同意。③ 这一修正被认为是为应对国民党退台造成"大法官"缺额局面而为之。"会议规则"经此次修正后一直沿用至1958年9月。"大法官"以"会议规则"作为其行使职权基本规范的这一时期即被称作是"规则时期"。

在"规则时期"，"大法官"多为国民党退台后的调整服务，具体而言主要发挥了以下两方面的作用：一是缓解了国民党统治集团退台后1946年"宪法"在台湾地区的适用困境。以"释字第31号解释"为例，称"在第二届'委员'，未能选出集会与召集以前，自应仍由第一届'立法委员''监察委员'继续行使其职权"，④ 因此形成了在此之后饱受诟病的"万年国大"现象；二是依据1946年"宪法"创设新的制度。其中就包括"释字

---

① 荆知仁：《中国立宪史》，联经出版事业股份有限公司1984年版，第440页。
② 参见林纪东：《"中华民国宪法"逐条释义》（三），三民书局1982年版，第27页。
③ 翁岳生：《"大法官"功能演变之探讨》，载《台大法学论丛》第23卷第1期，1993年。
④ "释字第31号解释"的"解释文"。

第 3 号解释""释字第 175 号解释"及"释字第 38 号解释"等。"释字第 3 号解释"赋予了"监察院"以"法律提案权";"释字第 175 号解释"基于同样思路赋予了台湾地区司法机构以"提案权"。"释字第 38 号解释"将法官依"形式意义上的法律"独立审判扩大解释为依"形式及实质意义上的法律"。①

二、台湾地区司法机构"大法官会议法"时期

1958 年,"大法官会议"作成"释字第 76 号解释",将"监察院"的地位提高至与"立法院""国民大会"相当的地位,由此而招到了"立法院"的强烈不满。"立法院"为表达其不满,自行通过"立法程序"制定了台湾地区司法机构"大法官会议法"(以下简称"会议法"),替代"会议规则"作为"大法官会议"行使职权的基本规范,以限制后者的解释权。

"会议法"与"会议规则"并无太大的区别,"大法官""释宪"和"统一解释"仍沿用了"大法官会议模式",涉及的修改主要体现在四个方面:其一,做出规定称"大法官会议""解释宪法"必须以"宪法"条文有规定者为限("会议法"第 3 条);其二,首次将人民纳入声请"释宪"的主体,"人民于其'宪法'上所保障之权利,遭受不法侵害,经依法定程序提起诉讼,对于确定终局裁判所适用之'法律'或命令,发生有抵触'宪法'之疑义者,得声请解释'宪法'"("会议法"第 4 条);其三,将"大法官会议"表决门槛修改为 2 个 3/4,即"大法官会议"要对"宪法"进行解释必须有 3/4"大法官"出席且出席"大法官"的 3/4 表示同意("会议法"第 13 条);其四,创设了"协同意见书"制度,"大法官解释"的"解释文"与"解释理由书"分开发表,且"大法官"可同时发表"不同意见书"和"协同意见书"("会议法"第 17 条)。纵观"会议法"对"会议规则"做出的修改,其中最大修改即在于大大限制了"大法官会议"的"解释权",也由此而导致了"大法官""释宪"功能在之后的一段时间内有所萎缩,抑或称是几乎被冻结。② 直至 1976 年第四届"大法官会议"任内才有所好转。

---

① 参见周叶中、祝捷:《台湾地区"宪政改革"研究》,香港社会科学出版社有限公司 2007 年版,第 102 页。

② 从 1958 年到 1976 年,台湾地区司法机构"大法官"共作成的 67 个"解释"中,仅有 10 个为"宪法解释"案,其余皆为"统一解释"案。

在"会议法"时期,"大法官"对待台湾地区政治体制的态度并非始终如一,而是随着时间的演进发生着变化,其前半时期和后半时期的立场甚至是相互对立的。概括而言,其立场经历了从维系"万年国大""法统"到偏向瓦解"万年国大"的变迁,这一变化主要从其作成的"解释"中体现出来。维系"万年国大""法统"主要体现在"释字第 85 号解释"之中,这一"解释"延续了"会议规则"时期作成的"释字第 31 号解释"的意旨,称"'宪法'所称'国民大会代表'总额,在当前情形,应以依法选出而能应召集会之'国民大会'人数为计算标准"。[①] 基于此"解释","国民大会"能够正常集会,所谓的"法统"得以继续延续。偏向瓦解"万年国大"的"解释"主要包括"释字第 150 号解释"和"释字第 261 号解释"。"释字第 150 号解释"于其"解释文"中指令在第一届"立法委员"遇缺时停止递补,与"释字第 31 号解释"的精神开始相背离。"大法官"在"释字第 261 号解释"则明确表示"'释字第 31 号解释'无使第一届'中央民意代表'无限期继续行使职权或变更其任期之意",应"适时办理次届'中央民意代表'选举,以确保宪政体制之运作",[②] 彻底结束了"万年国大"。在这一时期,"大法官会议"除先后发挥了维系"万年国大"和瓦解"万年国大"的作用外,同时还发挥了保障人民权利、调解机关争议等作用。[③]

三、台湾地区司法机构"大法官审理案件法"时期

自 1990 年起,台湾地区开始所谓"宪政改革",上文提到的"释字第 261 号解释"即被认为是台湾地区"宪政改革"开始的标志。随着"宪政改革"的展开,台湾地区司法机构"大法官"行使职权的模式也开始从单一的"会议"模式向"会议—法庭"双轨模式转换,与此同时,"大法官"的职权也得到了进一步拓展。依照第 2 个"宪法增修条文"的规定,台湾地区司法机构得设立"宪法法庭"审理"政党违宪解散案件"。1992 年 11 月 20 日,"立法院"为配合第 2 个"宪法增修条文"的规定,对台湾地区司法机构"组织法"进行了再一次修改,设立了"大法官会议"和"宪法法庭"并存的"会议—法庭"双轨模式。1993 年 2 月,"立法院"将"会

---

① "释字第 85 号解释"的"解释文"。
② "释字第 261 号解释"的"解释文"。
③ 翁岳生:《"大法官"功能演变之探讨》,载《台大法学论丛》第 23 卷第 1 期,1993 年。

议法"修正为台湾地区司法机构"大法官审理案件法"（以下简称"审理法"）。在此之后，台湾地区司法机构则自行颁布了台湾地区司法机构"大法官审理案件法施行细则"和"宪法法院审理规则"。

在"审理法"时期，"大法官""释宪"模式主要呈现出以下两方面的变化：其一，丰富了声请"释宪"的主体。依照"审理法"的规定，政党、"立法委员"、"最高法院"和"行政法院"都被纳入声请"释宪"主体之中，基于此项修改，"大法官"的触角得以伸向台湾社会各个角落，"大法官"在岛内政治生活中的作用逐渐强化；其二，对"会议法"时期的过于严格的表决机制做出了修改。"审理法"将"会议法"中规定的 2 个 3/4 更正为 2 个 2/3，即要求 2/3 以上的"大法官"出席，并经出席法官的 2/3 以上同意为通过，例外情况为，宣告法令抵触"宪法"，在此种情况下仅需出席人数过半数同意。

在这一时期，"大法官""释宪"主要发挥了以下两方面作用：一是配合"宪政改革"，进行政治制度上的调整。其中就包括"释字第 467 号解释"，该"解释"称，在第 4 个"宪法增修条文"第 9 条施行后，"省为地方制度层级之地位仍未丧失，唯不再有'宪法'规定之自治事项，亦不具备自主组织权，自非地方自治团体性质之公法人"。① 二是充当政治纠纷的仲裁者或调解人。其中最为重要的"解释"就包括"释字第 499 号解释"。该"解释"将"国大"延任自肥的第 5 个"增修条文"以程序瑕疵为理由废止，最终推动"国大"虚级化和彻底废除。②

第二节　台湾地区司法机构"大法官"制度的组成与职权

台湾地区司法机构"大法官"的组成与职权最早规定在 1946 年"宪法"及"司法院组织法"中，后来随着"宪法增修条文"的出台，及"司法院组织法"历经多次修改，有关"司法院大法官"组成与职权的规定也不断发生变化。台湾地区现行的司法机构"大法官"的组成与职权的规定

① "释字第 467 号解释"的"解释文"。
② 周叶中、祝捷：《台湾地区"宪政改革"研究》，香港社会科学出版社有限公司 2007 年版，第 103 页。

主要见于"宪法"及其"增修条文"、台湾地区司法机构"组织法"和"审理法"。

一、台湾地区司法机构"大法官"的组成

依照 1946 年"宪法"第 79 条第 2 款以及"司法院组织法"第 3 条的规定,"司法院大法官"由"总统"提名,经"监察院"同意任命之。"大法官会议"由 9 名"大法官"组成,行使"解释宪法"和"统一解释法律"及命令之职权。"大法官"的任期为 9 年。1957 年 12 月 13 日,"立法院"对台湾地区司法机构"组织法"进行了修正,修正后的台湾地区司法机构"组织法"第 4 条明确了"大法官"的任职资格:曾任"最高法院"法官 10 年以上而成绩卓著者;曾任"立法委员"9 年以上而有特殊贡献者;曾任大学法律主要科目教授 10 年以上而有专门著作者;曾任国际法庭法官或有公法学或比较法学之权威著作者;研究法学,富有政治经验,声誉卓著者;具有前项任何一款资格之"大法官",其人数不得超过总名额 1/3。这一关于"大法官"任职资格的规定一直沿用至今。1980 年 6 月 29 日,"立法院"对台湾地区司法机构"组织法"再次进行了修订,"大法官"人数增至 17 名。台湾地区司法机构"组织法"自颁布至 1980 年修订期间,"大法官"的任命程序未发生改变,第一届"大法官"至第五届"大法官"均依照原初规定得以任命。

直至 1992 年,"宪法增修条文"得以通过,"大法官"任命交由台湾地区领导人提名的规定虽未发生改变,但任命的同意权由最初规定的"监察院"转向了"国民大会"。这是由于"监察院"的体制发生了变化,"监察院"不再享有"释字第 76 号解释"赋予其的与"立法院""国民大会"相当的地位,而被定位为准司法机关,是故不宜行使司法机关包含"大法官"在内的一系列人员任命的同意权,转而交由"国民大会"行使。①

1997 年 7 月 21 日,"国民大会"通过了"宪法第 4 次增修条文","大法官"任命程序、任期以及"大法官会议"的组成人数都通过此次的"宪法增修条文"做出了修正。② 此次"增修条文"的第 5 条保留了"大法官"

---

① 李炳南:《"宪政改革"与"国民大会"》,月旦出版社股份有限公司 1994 年版,第 206—207 页。

② 许育典:《宪法》,元照出版公司 2006 年版,第 360 页。

由"总统"提名的程序，但同意权主体再次发生了更改，交由"立法院"享有；"大法官"的任期变成了 8 年，不分届次，个别计算，并且不得连任；"大法官会议"的人数减为 15 人，同时明确了台湾地区司法机构正、副负责人也必须为"大法官"，这一新的规定改变修正前"外行领导内行"的局面。①

1999 年 9 月 15 日，"国民大会"以无记名投票方式三读通过第 5 个"宪法增修条文"，后该"增修条文"被"大法官"裁定因"修宪"过程有违正当程序而无效。"大法官"作成的"释字第 499 号解释"因认定了第 5 个"增修条文"中的"国民大会代表"延任案无效，而招到了"国民大会"的强烈不满，"国民大会"遂于 2000 年再次颁布"宪法增修条文"，规定称"大法官"不再适用"宪法"第 8 条有关法官终身职待遇的规定，由法官转任"大法官"的除外。②

至此，有关台湾地区司法机构"大法官"组成的规定基本形成，"大法官"由"总统"提名，经"立法院"同意任命之；任期 8 年，不分届次，个别计算，并且不得连任；"大法官会议"由 15 名"大法官"组成，其中必须包括台湾地区司法机构的正、副负责人；"大法官"原则上不享有终身职待遇。

二、台湾地区司法机构"大法官"的职权

根据 1946 年"宪法"的规定，"司法院大法官"最初的职权为"解释宪法"及"统一解释法律"及命令，以"大法官会议"方式形式行使职权。在此之后，"大法官"的职权通过"宪法增修条文"得以扩充，增加以"宪法法庭"形式审理政党"违宪"解散和"总统""副总统"弹劾案件的职权。

（一）台湾地区司法机构"大法官会议"的职权

"大法官会议"模式最早规定于 1947 年"司法院组织法"的第 3 条，规定称："司法院设大法官会议，以大法官九人组织之，行使解释宪法并统一解释法律命令之职权。"在此之后的数年间，"大法官"皆以"大法官会议"的模式行使其职权。直至 1992 年，经"立法院"修正后的台湾地区司

---

① 有关台湾地区司法机构正副负责人的这一改变被台湾地区学者认定为强化了台湾地区司法机构负责人主持"大法官会议"的"正当性"，并拉近了台湾地区司法机构与"宪法"第 77 条的距离，是台湾地区司法机构"审判机关化"的第一步。

② 法治斌、董保城：《宪法新论》，元照出版有限公司 2014 年版，第 405 页。

法机构"组织法"将"大法官会议"降为以负责人为主席的"院会"形式，不再是具有"法律"地位的一级组织。第二年出台的"审理法"也做出规定称，"司法院大法官，以会议方式……"根据上述规定，"大法官会议"不再是组织形态，而只是行使职权的方式。① 规定出台以后，"大法官会议"的字样就避免被使用，仅可能在"大法官解释"的"理由书"落款处再见到"大法官会议"字样。"大法官"通过"会议"模式行使职权的内容并未因其"法律"地位的变化而发生改变，仍行使"解释宪法"和"统一解释法律"的职权，"审理法"对其行使职权的具体事项做出了规定：

第一，适用"宪法"发生疑义的案件。这类案件被规定在"审理法"第4条。结合"审理法"第5条的规定，此类案件因声请主体的不同又可细分为两种类型：其一，"中央"或地方机关，在其行使职权时，适用"宪法"发生疑义的案件；其二，"立法委员"现有总额1/3以上声请，就其行使职权，适用"宪法"发生疑义的案件。适用"宪法"发生疑义的案件的声请前提为，声请人在行使职权时对适用"宪法"发生疑义，而不以其"宪法"权利受到侵害为前提，也不以具体有关规定与"宪法"相抵触为要件。"大法官"对此类案件的职责主要是明确"宪法"条文的含义，声请解释的主体因此得知如何依照"宪法"规定履行职责。上文提到的"大法官"在"会议法"时期做出的"释字261号解释"即属于这一类型案件。

第二，有关规定或命令、"省自治法"、"县自治法"或县规章抵触"宪法"的案件。② 这类案件同样被规定在"审理法"第4条。同样根据"审理法"第5条的规定，依主体的不同可对该类案件加以划分，具体包括：其一，"中央"或地方机关适用有关规定与命令发生有抵触"宪法"疑义的案件；其二，人民、法人或政党于"宪法"上所保障的权利，遭受不法侵害，依规定程序提起诉讼，对确定终局裁判所适用的有关规定或命令发生有抵触"宪法"疑义的案件③；其三，"立法委员"1/3以上，就其行使职权，适用有关规定发生有抵触"宪法"疑义的案件；其四，"最高法院"或"行政法院"就其受理案件，对所适用的有关规定或命令确信有抵触"宪法"疑义的案件。就"大法官"所受理的案件中各类案件所占比例来看，"违宪"疑义案件占较大比重。

第三，适用"宪法"发生争议的案件。此类案件的声请主体仅限于"中央"或地方机关，声请原因为在行使职权过程中发生适用"宪法"的争议，争议焦点是对具体"宪法"规范的理解。这类案件有些类似于德国宪法法院管辖的机关争议案件，但并不完全相同。"大法官"就"副总统"得否兼任"行政院院长"、"行政院院长"应否于新任"总统"就职时总辞和"立法院"是否有权咨请"总统"重新提名"行政院院长"问题作成"释字第419号解释"即属于此类案件。

第四，依声请做出"统一解释"的案件。这类案件被规定在"审理法"第7条，依照声请主体的不同可分作两类：其一，"中央"或地方机关就其职权上适用有关规定或法令所持见解，与本机关或其他机关适用同一有关规定或命令时已表示的见解有异，所提出声请的案件；其二，人民、法人或政党权利遭受不法侵害，认为确定终局裁判适用有关规定或命令所表示的见解，与其他审判机关的确定终局裁判，适用同一有关规定或命令时所表示的见解有异，所提出的声请案件。这类案件被学者认为是台湾地区的制度特色之一，带有明显的训政时期"宪法体制"的特点。[1]

（二）台湾地区司法机构"宪法法庭"的职权

"宪法法庭"这一组织模式最早由台湾地区第2个"宪法增修条文"设立，用以审理政党"违宪"解散案件。1992年11月20日，为配合"宪法增修条文"的规定，"立法院"修改台湾地区司法机构"组织法"，设置"宪法法庭"，与"大法官会议"共同构成"会议—法庭"双轨模式。2005年，"宪法法庭"的职权通过第7个"宪法增修条文"得以扩充，开始负责审理"总统""副总统"弹劾案件。下面就两类案件分别做出介绍。

第一，政党"违宪"解散案件。第2个"宪法增修条文"第5条第5项规定："政党之目的或其行为，危害'中华民国'之存在或'自由民主宪政'秩序者为'违宪'"，同时第13条第2项规定：台湾地区司法机构"大法官，除依'宪法'第78条之规定外，并组成'宪法'法庭审理政党'违

---

[1]　参见周叶中、祝捷：《台湾地区"宪政改革"研究》，香港社会科学出版社有限公司2007年版，第94—96页。

宪'之解散事项。"在"大法官"的"解释宪法""统一解释法令"职权外增加了政党"违宪"审查职权；同时在"大法官会议"模式外新增设了"宪法法庭"模式。在"宪法增修条文"出台以前，该类案件原本是交由"行政院"下设的"政党审议委员会"处理的（台湾地区"人民团体法"第52条）。"修宪"后案件的管辖权发生了重大转移，由行政机关转移至司法机关，"宪法法庭"要判决政党应予解散必须要经参与言辞辩论的"大法官"2/3的同意，在人数达不到时，只能作成不予政党解散的判决。虽然在移送给台湾地区司法机构"大法官"审理前，仍须经"政党审议委员会"处理，由其先认定"违宪"，并决议解散，再进行案件移送，但最终的决定权毕竟做出了重大改变。发生变化的原因在于：案件完全交由行政机关内部处理，可能会造成限制人民政治结社的重大权利的结果，且不能完全逃脱执政党"球员兼裁判"的疑虑。①

第二，"总统"弹劾案件。同政党"违宪"解散案件一样，"总统""副总统"弹劾案也是在"宪法增修条文"出台后管辖权主体发生了改变，"大法官"的职权再次得以扩充。在做出改变之前，"总统""副总统"弹劾要经由全体"监察委员"1/4以上提议，并经全体"监察委员"过半数审查及决议，再向"国民大会"提出，要罢免"总统"和"副总统"，要获得"国民大会"2/3以上"代表"的同意。第7个"宪法增修条文"出台以后，由"立法院"提请"总统""副总统"弹劾案，交由台湾地区司法机构的"宪法法庭"审理，在"宪法法庭"判决成立的情况下，"总统""副总统"遭解职（"宪法增修条文"第2条第10项）。②

总体而言，"大法官"的职权虽经两个"宪法增修条文"得以扩充，但在实践中，"大法官"的工作仍主要为"释宪"和"统一解释法令"。

第三节　台湾地区司法机构"大法官" "释宪"中的技术问题

"释宪"中的技术问题，指的是"大法官"在进行"宪法解释"和

---

① 李炳南：《"宪政改革"与"国民大会"》，月旦出版社股份有限公司1994年版，第208—209页。

② 参见王英津：《台湾地区罢免与弹劾"总统"制度的法制分析》，载《国际关系学院学报》2011年第4期。

"统一解释法令"活动中所采取的解释方法、审查密度和审查原则等问题。这些问题具有高度的技术性，是台湾学者移植德国公法学理论和美国宪法理论，并经过对大量"大法官""释宪"实践的实证化研究总结而成。①

一、台湾地区司法机构"大法官"采用的解释方法

"大法官"在进行"宪法解释"和"统一解释法令"时，常常面临该根据哪一种法学方法进行"法律"适用的问题。台湾地区"大法官"在进行解释时主要采用的解释方法包括：文义解释、体系解释、目的解释、历史解释和新型解释方法等。需要注意的是，"大法官"在"解释宪法"或做"统一解释"时，并非固定或单一地适用某种方法，常见情形为对多种解释方法进行杂糅适用。下面就各种解释方法的具体内涵以及"大法官"在解释时的具体适用情况加以介绍。

（一）文义解释

文义解释，是指以"宪法"文本的文字及语法结构为基础，对"宪法"文本的字义作尽量准确的解释。该解释方法对文本的依赖程度较高，是故，受到"宪法"文本的约束较大，"大法官"得以自由发挥的空间较小。此种解释方法是"大法官"在进行解释时最先尝试采用的方法，同时也是采用最多的方法，通常与其他解释方法结合使用。"释字第 329 号解释"即采用了文义解释方法，此案件的争议点为"宪法"上条约的意涵。"大法官"在其"解释文"中称："'宪法'所称之条约，包括用条约或公约之名称，或用协定等名称而其内容直接涉及重要事项或人民之权利义务且具有'法律'上效力者而言。"②"大法官"在"解释"中对"条约"的意涵做了扩大解释，除包括传统国际法意义上的"条约"外，还将所谓的"政府间协定"等文件纳入"条约"意涵中。

（二）体系解释

体系解释是指采用文义解释的方法无法求得正确的答案时，尤其是在法律较抽象，又具有多意性的情况下所采用的方法。此种解释方法所依赖的是"宪法"文本条文间的关联性，通过逻辑推断的方法来确认条文意涵。因

---

① 周叶中、祝捷：《台湾地区"宪政改革"研究》，香港社会科学出版社有限公司 2007 年版，第 97 页。

② "释字第 329 号解释"的"解释文"。

为，一般认为一国和地区的法秩序是一个统一的法体系，具有内在的一致性而不会相互矛盾。在通过文义解释方法得出的解释结果具有多样性的情况下，可采用体系解释的方法加以论证，何种解释不与整个法体系相矛盾，则采用该种解释。整个法律是一个大体系，透过体系解释的逻辑验证，保持在一个法条的法秩序下，能完美地处在其该有的地位，维持合逻辑而不产生矛盾。例如：台湾地区"宪法"第 20 条的"人民"服兵役义务，如果采用文义解释的方法，则应既包含"男性"，也包含"女性"，但如若将其放在整个"法律"体系上加以解释，得出的结论则为仅限于"男性"。①

（三）目的解释

目的解释，通常是在通过文义解释和体系解释的方法之后，仍然得出许多可能的答案，为确定意涵而采用的方法。任何法律背后都有其意欲追寻的目的，可通过关注法条的目的价值和基本精神，由此确定应做何解释。"释字第 208 号解释"在"解释理由书"中援引"宪法"上扶植自耕农与自行使用土地的人及保障农民生活的基本条款，阐明在征收土地之时将部分地价补偿承租人，是为了避免佃农或合作经营农场的人因耕地丧失不能从事农作而生活无着落的立法目的，将"平均地权条例"第 11 条后半段所称的"耕地承租人"解释为"承租耕地实际自任耕作之自然人及合作农场"，而不包括法人。② 即为"大法官"采用目的解释方法"释宪"的实例。

（四）历史解释

历史解释不同于目的解释，该种解释方法带有一定主观性，着重在了解立法者的原初意图和目标设定。就台湾地区"大法官"而言，此种解释方法不同于其他解释方法还在于，此种解释方法是台湾地区唯一法定的解释方法，被规定在"审理法"的第 13 条。根据"审理法"的规定，"大法官"在进行解释时，应参考"制宪""修宪"及立法数据。从"制宪者"的意图出发对"宪法"加以解释看似能够探寻到最为准确的意涵，但是在实践中，这种解释方法却难以把握，其中最为重要的原因即在于"制宪者"的意图难以捉摸。1946 年"宪法"在颁布后的数十年间，以"增修条文"方式被做出过多次修改，通过"宪法"文本缺乏稳定性可看出"制宪者"的目的并不始终如一，可能其自身也未对"制宪"意图有深刻理解。在此种

---

① 许育典：《宪法》，元照出版公司 2006 年版，第 34—39 页。
② 参见吴庚：《宪法的解释与适用》，三民书局 2004 年版，第 519 页。

情况下，"大法官"在对"宪法"进行解释时就更加难以把握了。基于历史解释的时效性质，有学者提出，历史解释方法可能最终会退出历史舞台。①

（五）新型解释方法

上述所提到的四种解释方法为较为通用的解释方法，不仅被运用在"大法官""释宪"过程中，也为其他类型的法官较多采用。除此之外，还有部分新型的解释方法被特定地适用于"大法官""释宪"过程中，对"大法官"的"释宪"实务产生了重要的影响。此类解释方法大多从其他法治国家和地区移植而来，并非台湾地区本地的解释方法，借鉴成分较为明显。具体而言包括："合宪"性推定、"政治问题不审查"、"宪法解释宪法"等。

第一，"合宪"性推定解释方法。"合宪"推定，顾名思义，系指在依照"宪法"的规范意旨及内在精神意涵来解释有关规定时，如果对该有关规定存在多重解释的可能，尽可能地采用该有关规定符合"宪法"规定的解释，有关规定明显"违宪"且理由充分的除外。采用此种解释方法的原因在于避免接受解释的有关规定被认定"违宪"，从而失去效力。更深层次的原因在于维护"法"的安定性与稳定性，同时也体现出对立法者权威的尊重。这种解释方法最早出现在德国，被传到台湾地区后被"大法官"大量运用。究其原因在于，在通过拥有较薄弱民意基础的台湾地区司法机构的"解释"推翻拥有较强民意基础的"立法院"的立法时，"大法官"倾向于持较为审慎的态度。在对"大法官"已做出的"解释"进行实证分析不难发现，其"合宪"宣告明显多于"违宪"宣告。虽然采用此种解释方法有着充分的理由，且在实践中确实也得以大量运用，但并不表示该种解释方法极为合理。"合宪"性解释方法自引进台湾地区就受到了部分学者和法律工作者的诟病，认为该解释方法的功利性较强，同设立"大法官""释宪"机制不相符。甚至有学者担心，为最终做出"合宪"性解释，"大法官"不惜曲解"宪法"的意涵，以此来"迎合"被解释的有关规定，这种解释思路将与"大法官""释宪"制度建立的初衷背道而驰。

第二，"政治问题不审查"。"政治问题不审查"原则最早由美国联邦最高法院首席大法官马歇尔在马伯里诉麦迪逊案中提出，在此之后，多个国家和地区将其引入到自己国家和地区的违宪审查制度中，以避免司法机构卷入

---

① 参见苏永钦：《"大法官"解释"政府"体制的方法》，载《公法学与政治理论——吴庚"大法官"荣退论文集》，元照出版公司2004年版。

政治漩涡。这一原则现已被台湾地区"大法官"娴熟运用。同"合宪"性推定解释方法一样，台湾地区司法机构审查政治问题同样被认为缺乏"民主正当性"，政治问题应交由行政机关和立法机关处理，司法机关应保持中立。由于"政治问题"这一概念本身也难以界定，"大法官"在"释宪"过程中自行对是否属"政治问题"进行界定，被认为实则未能逃脱"政治问题"的漩涡。"大法官"对这一原则加以适用的典型即为"释字第328号解释"，同时也是第一次适用该原则。"大法官"在该"解释"的"解释理由书"中讲到，"土地之范围如何确定，纯属政治问题；其界定之行为，学理上称之为统治行为，依权力分立之'宪政'原则，不受司法审查"，"固有范围之界定，为重大政治问题，不应由行使司法权之释宪机关予以解释"，① 从而回避了解释。

第三，"宪法解释宪法"。"随着解释方法的多元化，'宪法解释'难以避免地走入了'方法越多、秩序越少'的困境"。② 由于"大法官"在"释宪"时有众多解释方法可供选择，台湾地区学者不免担心这将导致"大法官"的裁量权过大，进而导致"大法官"自由选择能够达到自己目标的解释方法，从而违背了通过解释方法的总结使得"大法官解释"更贴近"宪法"原义的初衷。是故，台湾地区学者不断探寻新的解释方法对此加以限制，其中就提出了"宪法解释宪法"的解释方法。该解释方法意指"大法官"在"释宪"时必须以"宪法"有规定的为限，涉及"宪法"规定的部分，"释宪"者不得凭借主观想法臆造，而应当交由立法机关以"修宪""立法"的方式来予以补足。③ 这一解释方法最先由台湾地区学者在理论上提出，且大多数学者已经认识到该方法的重要性与可行性，但是在实务中，该方法仍未被正式运用。相反，有"大法官"在"不同意见书"中提出，应当遵循这样的思路对"宪法"加以解释。"大法官"姚瑞光即在上文提到的有关第一届"立法委员"遇缺停止递补的"释字第150号解释""不同意见书"中提出，"大法官"虽依照"宪法"规定享有"解释宪法"的权力，但不代表其能够广泛地、毫无范围地就一切有关"宪法"的问题予以解释，应在"会议法"（现下应按照"审理法"）明定的范围内进行解释，要以

---

① 参见"释字第328号解释"的"解释理由书"。

② 周叶中、祝捷：《论我国台湾地区"司法院大法官解释"两岸关系的方法》，载《现代法学》2008年第1期。

③ 参见吴庚：《宪法的解释与适用》，三民书局2004年版，第577页。

"宪法"条文或与"宪法"有同等效力的条文有规定的为限。

二、台湾地区司法机构"大法官解释"的审查密度

除"解释方法"外，"大法官"在解释时的另一重要问题即为"审查密度"问题。"审查密度"意指在进行解释或审查案件时，对被审查对象采取的宽严不同的尺度。[①] 台湾地区司法机构"大法官"在解释时所采用的审查密度受到了美国审查基准和德国审查密度的影响，二者被平行继受后经过磨合、竞争，最后为"大法官解释"所整合。对经整合后的"大法官解释"审查密度类型加以分析，可以划分为三类隐然成型的标准，即严格审查密度、中度审查密度和低度审查密度。

（一）严格审查密度

采取严格审查密度的事项皆为会对基本权利造成重要影响的事项，具体可分为四类：限制人身自由的有关规定；限制诉讼权的有关规定或判解；有关男女平等的有关规定；限制政治性言论自由的有关规定。对于这四类"大法官"先推定"违宪"，采用较为严格的基准予以审查。以"释字第644号解释"为例，在该案中"大法官"认为，所谓台湾地区"人民团体法"第2条、第5条规定可以就人民"主张共产主义"等的政治言论的内容进行审查，并可以作为不予许可设立人民团体的理由，已经逾越了必要的限度，与"宪法"保障人民结社自由与言论自由的意旨不相符，在"解释文"中宣布该规定失去其效力。同时在"解释理由书"中注明，对于此类问题的审查，采用了严格审查的标准。

（二）中度审查密度

采用中等审查密度的事项分为三类：其一，财产权保障的有关规定及土地征收与公共设施保留地的有关规定，"大法官"在"释字第409号解释"中认定所谓台湾地区"土地法"第208条、台湾地区"都市计划法"第48条与"宪法"保障人民财产权的意旨无抵触；其二，限制非政治性言论自由的有关规定，由于这类言论自由相较于上文提到的政治性言论自由价值位阶较低，不必采行针对政治性言论自由的严格审查密度。以限制商业言论自由为例，在"释字第577号解释"中，"大法官"宣称"烟害防制法"命业者标示尼古丁等含量是为了提供消费者必要商品资讯，目的在于维护民众健

[①]　参见吴庚：《宪法的解释与适用》，三民书局2004年版，第408—419页。

康这一重大公共利益，对商家的言论自由限制并未逾越必要程度，因此并未"违宪"；第三，涉及诉讼权次要事项的有关规定，如所谓的"公务员惩戒法"有关惩戒程序及惩戒方式的规定。台湾有学者认为，由于中度审查密度符合比例原则逐案权衡的内在特质，又可避免过度放水的质疑，未来可能会为"大法官"更频繁地使用，进而取代宽松审查，成为最常用的标准。①

（三）低度审查密度

低度审查密度是"大法官"在进行审查时最常用的审查密度，通常情况下，"大法官"多采"合宪"推定。如果在最后认定"违宪"，"大法官"将对认定"违宪"的理由加以详细说理。属于低度审查密度的事项主要包括：其一，立法程序事项，对于此，可以通过"释字第 342 号解释"对立法程序的审查与"释字第 499 号解释"对"修宪"程序的审查进行比较得出；其二，未直接影响人民权利，仅具有"组织法"意义的规范，例如"释字第 481 号解释"对"省县自治法"的审查；除此以外，还有"特别刑法"的死刑规定、"道路交通管理处罚条例"对行人的罚则等。

需加以说明的是，以上提到的三类审查密度并非有着决然的分界线，且对于同类性质的事项，"大法官"也可能根据形势的需要采取不同的审查密度。审查密度与其说对于"大法官"进行解释具有重要意义，倒不如称其意义在于便于学理上的研究。

三、台湾地区司法机构"大法官解释"的效力

"大法官"在进行"宪法解释"或作成"统一解释"时，一般需经过小组讨论、全体审查和正式大会三个阶段。在案件需要的情况下，"大法官"也可邀请声请人、相对人、相关机构或专家学者到会说明，受邀请者在会上可进行言辞辩论。最终"大法官"通过表决做出决定，包括不同类型的宣告方式。"解释"一经做出，还涉及"解释"的效力范围、执行等问题。

（一）"大法官"对审查法令结果宣告的方式②

从总体上来看，可将"大法官"的宣告大致分为两种类型，即"合宪"

---

① 黄昭元：《"大法官解释"审查标准之发展（1996—2011）：比例原则的继受与在地化》，载《台湾大学法学论丛》第 42 卷第 2 期，第 30 页。

② 参见吴庚：《宪法的解释与适用》，三民书局 2004 年版，第 419—428 页。

宣告和"违宪"宣告。加以细分，前者又可分为完全"合宪"和"违宪"非难，后者可分为"违宪"但不失效、"违宪"立即失效以及"违宪"定期失效。与此同时，"大法官"在正式结果做出以前，还可依声请做出"暂时处分"；在表决阶段未能达成完全一致决定时，持不同意见的"大法官"可发表"不同意见书"，意见相同但所依照理由不同的"大法官"可发表"协同意见书"。

1. "合宪"宣告

被审查的法令被宣告"合宪"的前提条件为未抵触"宪法"。对于"合宪"的法令，又可分为：其一，完全"合宪"，这类法令既无内容上抵触"宪法"条文或精神的规定，同时又属于制定机关的权限，且程序上也无重大的瑕疵。这类宣告方式占"大法官"宣告结果的绝大部分，一般在"大法官解释文"中被表述为"与'宪法'尚无抵触"；其二，"合宪"非难。从总体上看，这类法令尚不足以认定"违宪"，但仍存在有不足且需要制定法规的机关检讨改进，在"大法官"的"解释文"中一般被表述为"上述规定应依本意旨检讨改进"，但"大法官"的非难并不具有拘束力。

2. "违宪"宣告

法令一旦被"大法官"宣告无效，即发生是否失效及失效时间的问题。据此，"违宪"宣告可细分为三种类型，具体为：其一，"违宪"立即失效。意指被"大法官"认定与"宪法"条文或精神相抵触的法令，自"大法官解释"公布之日起即失去其效力，不得再援用；其二，"违宪"定期失效。这类法令在被认定"违宪"后并不立即失去其效力，而是由"大法官"规定其在一定未来某一时间失去效力，致使"违宪"效果推后发生。在具体实践中，"大法官"以期间形式、期日形式规定"违宪"法令失效的时间，在"大法官"所定期间届满或所定之时间点到来后，法令失去效力。以"释字373号解释"为例，"大法官"宣告"工会法"禁止教育事业技工、工友组织工会的规定至迟于"解释"公布之日起届满一年时，失去效力；其三，"违宪"但不失效。法令被"大法官"认定"违宪"，但未规定立即失效或定期失效，仅要求有关机关在限定期限内按照"解释文"的要求进行检讨改进。

3. 暂时处分。"暂时处分"是台湾地区宪法学界近年来讨论的热点，也是"大法官"在"释宪"事务中经常遇到的问题之一。就目前已有的规定来看，有关"暂时处分"仅出现在"审理法"第31条，且仅针对"政党违宪解散案件"。"审理法"第31条规定称："'宪法'法庭……如认政党之行为已足以危害安全或社会秩序，而有必要时，于判决前得依声请机关之请求，以裁定命被声请政党停职全部或之一活动。"这一规定从未适用过。真正引发对"暂时处分"热议的是"三·一九"枪击案以及"真调会"事件。民进党借"立法委员"柯建铭等93人就"真调会条例"是否与"宪法"相抵触产生疑义，声请"大法官""释宪"，并声请"大法官"在做出"解释"前做出"暂时处分"，暂时停止"真调会条例"的适用。"审理法"未规定"大法官"有暂停适用"法律"的"暂时处分"权，"大法官"也未在此案中行"暂时处分"，但在"释字585号解释"的"解释文"末尾称，"暂时处分"是司法权的核心机能之一，不因"宪法解释"、审判或民事、刑事、行政诉讼的审判而有差别，"暂时处分"是为"宪法"所允许的。① 这就相当于在"审理法"之外，授权"大法官"行使暂停"法律"效力的职权。②

在此之后，"大法官"在"释字第599号解释"建立了所谓的"暂时处分"的效力，而认为："'司法院大法官'依据'宪法'独立行使'宪法解释'及'宪法'审判权，为确保其解释或裁判结果实效性的保全制度，乃司法权核心机能之一，不因'宪法解释'、审判或民事、刑事、行政诉讼的审判而异。如因系争'宪法'疑义或争议状态之维持，争议法令之适用或原因案件裁判之执行，可能对人民基本权利、'宪法'基本原则或其他重大利益造成不可回复或难以回复的重大损害，而对损害的防止事实上具急迫必要性，且别无其他手段可资防范时，即得权衡作成暂时处分之利益与不作成暂时处分之不利益，并于利益显然大于不利益时，依声请人的声请，于本案解释前作成暂时处分以定暂时状态。"③

4. "不同意见书"制度。"大法官"作成的"解释"包括"解释文"和"解释理由书"两部分，此外，"大法官"还可作成"不同意见书"或"协同意见书"，前者指反对多数法官的结论也不支持结论中的理由，而提出不同意见；后者则指赞成多数法官的结论，但对结论所提出的理由予以补充或提出不同法律意见。台湾地区"不同意见书"制度最早建于"会议法"

---

① "释字第585号解释"的"解释文"。

② 周叶中、祝捷：《台湾地区"宪政改革"研究》，香港社会科学出版社有限公司2007年版，第240—249页。

③ 许育典，《宪法》，元照出版公司2006年版，第364页。

第 17 条，现规定于"审理法"第 7 条。

"不同意见书"制度的意义主要体现在以下几个方面：[1] 其一，阐明"大法官解释"意旨。由于"大法官"是以会议方式进行"释宪"，其所作成之决定不是"判决"，而是以"解释"命名。受到"解释书"格局的影响，"大法官解释"篇幅都不长，而且多未叙明并提及反对论点，常有论证补足，说理不清的弊病，特别是"解释文""解释理由书"之作成均须逐字逐句经过多数"大法官"同意通过，为求获得共识，作成"解释文""解释理由书"难免用于精简，甚至含糊不清。"协同或不同意见书"的提出，不受此拘束，各"大法官"得为相近叙述，提供正反论证，相互对照的理论，具有阐明"释宪"意旨的功能；其二，促成"宪法"成长与续造。由于"宪法"具有开放性与政治性，"不同意见书"提出不少内容蕴含基本权利保障、构成要件以及权力分立之动态等"宪法"学理与论点，对台湾地区基本权利理论体系建立、权力分立制衡与监督提供丰富的素材；其三，展现民主多元，增减"大法官"变更见解可能性。"不同意见书"提出可让声请"释宪者"了解，"大法官"之中仍有支持声请人之观点。借由"不同意见书"的揭晓，包容各种不同意见，不致以偏概全，而且，"今日少数意见，可能成为他日多数"。

（二）"大法官解释"的效力范围

无论是 1946 年"宪法"及其"增修条文"，还是"司法院组织法"，抑或是"审理法"，均未对"大法官""宪法解释"及"统一解释"的效力做出明确规定，"大法官解释"文件的效力都是经其自身作成的"解释"加以明确的。

其一，"解释"的个案效力。"释字第 177 号解释"最先明确了"大法官解释"的个案效力，该"解释文"称："依人民声请所为之解释，对声请人据以声请之案件，亦有效力。"[2]

其二，"解释"的一般拘束力。有关"大法官解释"的一般拘束力，最早由"释字第 185 号解释"明定，台湾地区司法机构"解释'宪法'，并有'统一解释法律'及命令……所为之'解释'，自有拘束各机关及人民的效

---

[1] 法治斌、董保城：《宪法新论》，元照出版有限公司 2014 年版，第 417—420 页。

[2] 参见"释字第 177 号解释"的"解释文"。

力"。① 在此之后，"大法官"通过"释字第 405 号解释"再次明确了"大法官解释"对"立法院"的"立法行为"的效力，"'立法院'行使立法权时，虽有相当广泛自由形成空间，但不得逾越'宪法'规定及'司法院'所做出的'解释'……"② 根据"释字第 405 号解释"的规定，可以明确"大法官"作成的"解释"与"立法院"所立之"法"的效力等级，前者应高于后者，是故，"立法院"的"法"不得与"大法官解释"相抵触。除立法机关外，"大法官解释"对行政机关与司法机关同样具有效力，"释字第 419 号解释"与"释字第 520 号解释"即得以体现。

其三，"解释"的时间效力和溯及力。"大法官解释"的时间效力和溯及力不是由"审理法"加以规定的，而是由"释字第 188 号解释"做出了规定。该"解释"规定称，台湾地区司法机构"依其声请所为之'统一解释'，除'解释文'内另有明定者外，应自公布当日起发生效力"，即除例外情况，"大法官解释"都是自公布之日起生效；"引起歧见之该案件，如经确定终局裁判，而其适用法令表示之间接，经本机构解释为违背法令之本旨时，是项解释自得据为再审或非常上诉之理由"。③ 即虽然"大法官"仅做抽象审查而不涉及具体个案的救济，但为了充分保障人民的权利，若确定终局裁判所适用的法令经认定"违宪"，当事人也可以援引"大法官解释"提起再审或者非常上诉，④ 也即"大法官解释"具有溯及既往的效力。

（三）"大法官解释"的执行问题

"大法官"所做出的"解释"，并不是所有都需要交付强制执行的，针对"宪法"疑义案件的"解释"，"统一解释"通常都不发生执行的问题。对被交付审查的法令宣告"合宪"属确认性质，宣告"违宪"属形成性质，通常自"解释文"公布之日起即发生效力，也不需要等待执行。如果"解释"中要求有关机关依照"解释"意旨采取一定作为的，相当于对该机关的一项"宪法"委托，即涉及执行的问题，其中就包括"释字第 455 号解释"及"释字第 535 号解释"等。"审理法"第 17 条第 2 项："'大法官'所为的'解释'，得谕知有关机关执行，并得确定执行之方法。"这项规定有两层含义：一是对"解释"的执行，与所谓台湾地区"强制执行法"或

---

① 参见"释字第 185 号解释"的"解释文"。
② 参见"释字第 405 号解释"的"解释文"。
③ 参见"释字第 188 号解释"。
④ 许育典：《宪法》，元照出版公司 2006 年版，第 363 页。

"行政执行法"中所称的执行不同。后者先有执行名义存在，执行的标的是财产、权利、作为、不作为，执行的方法包括直接强制、间接强制、查封、拍卖等；"解释"的执行是以适当的方法实现"解释"意旨所要求的法律状态。二是"解释"机关自行决定由谁执行及如何执行，台湾地区"大法官解释"的执行与德国联邦宪法法院等国家和地区所采的方法是相同的。

第二章 理论基础："五权宪法"中的司法权及其政治功能

台湾地区司法机构是1946年"宪法"的产物。在国共和谈、美国影响等因素的作用下，1946年"宪法"从指导思想到制度设计，都体现出多元化的特征。孙中山的"五权宪法"思想虽名为"国父遗教"，是1946年"宪法"最根本的"立宪"指导思想，但1946年"宪法"实际上是在多元"立宪"思想指导之下制定形成的。"司法院"的设计，既来自于孙中山"五权宪法"思想对于司法权的设定，又与西方宪法三权分立之下的司法权有着密切关联。[1] 1946年"宪法"的起草者张君劢曾表示，欧美民主政治和三民五权原则之折中，是"宪法"起草的一项要点。[2] 研究台湾地区司法机构的政治功能，因而也可以根据"司法院"这一制度设计的多元性，形成两条研究路径：其一，根据孙中山"五权宪法"的制度构想，研究台湾地区司法机构在台湾地区的地位与作用；其二，根据西方宪法学界对于职司"宪法审判"的"最高司法机构"之权力的反思与批判，对台湾地区司法机构的政治功能及其局限进行研究。沿着这两条路径，本章主要从三个部分展开对理论基础的探讨：第一部分主要探讨孙中山"五权宪法"构想内的司法权和"司法院"；第二部分主要从比较宪法学的角度，对司法权及其职司"宪法审判"的司法机构的政治功能进行探讨；第三部分则探讨职司"宪法审判"的司法机构在发挥政治功能方面的局限。

第一节 "五权宪法"中的司法权和"司法院"

"五权宪法"是孙中山民权思想的重要组成部分，也是孙中山对于中国

---

① 周叶中、祝捷：《1946年〈中华民国宪法〉评论》，载周叶中、江国华主编：《从工具选择到价值认同：民国立宪评论》，武汉大学出版社2010年版。

② 刘山鹰：《中国的宪政选择——1945年前后》，北京大学出版社2005年版，第149页。

政治制度设计的核心思想。司法权是五权之一，"司法院"是执掌司法权的公权力机构。由"司法院"执掌司法权，既是对"五权宪法"思想的一种体现，也是中国传统司法体制近代化的成果。①

一、"五权宪法"及其中的司法权

孙中山的"五权宪法"思想包括"权能分治"和"五权分立"两个紧密关联的部分。孙中山认为，要解决万能政府的问题，关键是"权"与"能"要分开。② 孙中山将"权"等同于人民之权，又被称为"政权"，而将"能"等同于公权力机构之权，又被称为"治权"。因此，孙中山的"权能分治"思想，实际上是"政权"和"治权"分立的思想。③ 对于"治权"，孙中山认为应当由人民掌理，由人民直接管理各项事务；孙中山则认为应当交给公权力机构，由公权力机构进行治理。④ 对于"政权"，孙中山认为包括四项，即选举权、罢免权、创制权和复决权。在四项政权中，选举权和罢免权是针对公权力机构的官吏的：选举权使得人民有权产生官吏，而罢免权使得人民可以取消已任官吏的权力和资格。创制权和复决权是针对法律的，创制权使得人民可以制定对他有利的法律，复决权可以要求修改或者废止对人民不利的法律。⑤ 在孙中山的构想中，政权虽然归属于人民，但人民并不直接行使这些权力，而是由全国三千县，每县产生一名代表，组成国民大会行使政权。

孙中山根据美欧各国的"三权分立"，结合中西方有关考选制度和监察制度的规定，创造性地提出了"五权分立"的观点。"五权分立"是指将治权分为立法、行政、司法、考试和监察五权，五权互不统属，由不同公权力机构掌理。总结孙中山的观点，"五权"是一个复杂且有趣的体系。孙中山在《五权宪法》的演讲中，用了两套表述体系来描述五权。第一套体系是西方式的，孙中山认为"五权"中的立法、行政、司法三权在美欧是分立的，即"三权分立"，但美欧国家一般没有考试权和监察权；第二套体系是

---

① 聂鑫：《中西之间——历史与比较法视野下的法律现代化问题》，法律出版社2015年版，第147页。
② 傅肃良：《中国宪法论》，三民书局1989年版，第206页。
③ 谢政道：《孙中山之宪政思想》，五南图书出版公司1999年版，第105页。
④ 傅肃良：《中国宪法论》，三民书局1989年版，第206页。
⑤ 傅肃良：《中国宪法论》，三民书局1989年版，第207页。

中国式的，孙中山认为中国自古有君权、考试权和弹劾权，而中国的君权包括了立法、行政和司法三权。从实现人民自由、破除专制的目的出发，孙中山认为应当将三权合一的君权打破，引入西方的三权概念，同时吸收中国传统的弹劾权和考试权，因而构建了包括立法、行政、司法、弹劾（后改为监察）、考试五权。因此，孙中山对于司法权的概念是中西合一的，其中既包括西方宪法所指的司法权，又包括传统中国的司法权。至于司法权由谁掌理，在《五权宪法》的演讲中，孙中山只是笼统地提出由"司法人员"掌理。至于司法人员究竟为何，是否统一为一组织，孙中山未做详细说明。在《建国方略》之中，孙中山则明确了"五院架构"，其中第19条指出："在宪法开始时期，中央政府当完成设立五院，以试行五权之治，其序列如下：曰行政院；曰立法院；曰司法院；曰考试院；曰监察院。"这也是"司法院"之名，第一次正式出现在政治文献之中。同时，孙中山在第21条也提出："宪法未颁布以前，各院长皆归总统任免而督率之。"这一条体现出孙中山对于"司法院"的两点设想：其一，"司法院"之首长为"院长"，与其他"五院"相同；其二，"司法院"在"宪法"制定前从属于"总统"，这当然可以理解为"宪法"实施前的一种特殊安排，但这种特殊安排事实上也表明"司法院"并非是一个类似于西方法院般能独立的机构。因此，并不能认为孙中山心目中的司法权和"司法院"就是对应于西方三权分立体系中的司法权和最高法院。事实上，这一结论也影响了"司法院"的性质，甚至造成了1946年"宪法"对于司法权和"司法院"规定的紊乱。这一紊乱甚至直到21世纪由台湾地区司法机构"大法官"作成"释字第530号解释"方才厘清。

遗憾的是，孙中山对于"五权宪法"的论述以及《建国大纲》对于中国政治体制的设计，在理论上偏重于论证考试和监察两权，而在制度上偏重于行政权的细部设计，对于司法权论述较少。当然，需要说明的是，"五权宪法"思想实际上并未真正实现过。政权和治权的诸掌理主体，在大时代的浪潮中也是命运多舛。作为政权机构的"国民大会"实际上蜕变为具有议会性质的公权力机构。在台湾地区实行"宪政改革"之后，"国民大会"被废止，其中的复决权演化为台湾地区的"公民投票"制度。"立法院"从孙中山所设想之唯一民意机构，在漫长的历史时空中只是"三国会"之一，甚至长期无法改选。直到20世纪90年代的"宪政改革"之后，才得回归本位。"行政院"的体制几经浮沉，今日已经完全退化为台湾地区领导人的幕僚机构,"行政院院长"更是沦为台湾地区领导人的幕僚长和责任替身。①
"考试院"从负责考选民意代表和官吏的机构,演变成人事行政机构,后被
台湾地区"行政院"的人事行政部门完全架空,而今仅具"人事法制权"
而无执行权。"监察院"也从负责弹劾之机构,在 1946 年"宪法"中被设
计为具有议会性质的机构,并在台湾地区司法机构"释字第 76 号解释"中
被明确为"三国会"之一。台湾地区"宪政改革"后,"监察院"又从准
立法机构转变为准司法机构,逐渐虚级化和边缘化。② 相反,孙中山着墨最
少的"司法院",反而在中国政制历史的大潮中,得能独善其身,且演变成
足以影响台湾地区乃至两岸政治格局的机构,这也不能不说是一种历史的吊
诡和机缘。

二、"司法院":传统中国司法制度近代化的产物

"五权宪法"是传统中国与近代中国对撞下,试图弥合传统中国的政治
制度和近代西方政治制度而产生的制度构想。尽管司法权的设计主要是来自
于近代西方政治制度,但在传统中国的政治制度中也可以找寻到踪迹,可以
说是传统中国司法制度近代化的产物。

(一)传统中国的司法制度

传统中国的权力架构并不存在西方式的分权,但在"君上大权"之下,
各权力机构仍然存在着分工。司法,是传统中国权力体系中的重要一环。据
陈晓枫教授和柳正权教授曾经对"司法"在中国传统法制史上的词义进行
了研究。两位教授认为,从语义上分析,"司"为主,"司法"即为"主
法",也就是主管适用法律。因此,司法的原义也就是主管法律适用的机
关,其以审判权为中心,包括现代的侦查权和检察权。③

在机构设置上,司法机构一直是中央层次最为重要的权力机构之一。秦
汉设廷尉,御史台兼理贵族和官员犯罪的审判工作,并长期引为惯例,形成
普通司法机构和特别司法机构并立的"二法司"局面。④ 魏晋南北朝引入行

① 周叶中、祝捷:《1946 年〈中华民国宪法〉评论》,载周叶中、江国华主编:《从工具选择
到价值认同:民国立宪评论》,武汉大学出版社 2010 年版。
② 周叶中、祝捷:《台湾地区"宪政改革"研究》,香港社会科学出版社有限公司 2007 年版,
第 120 页。
③ 陈晓枫、柳正权:《中国法制史》(下册),武汉大学出版社 2012 年版,第 737 页。
④ 聂鑫:《中国法制史讲义》,北京大学出版社 2014 年版,第 142 页。

政机构介入司法制度，在唐代正式定型为"三法司"，除元代不设大理寺外，中国历代王朝均以"三法司"为中央司法机构体系。"三法司"包括大理寺（北齐改廷尉为大理寺，后世沿袭之）、御史台（明清改御史台为监察院）和刑部。"三法司"均享有审判权，其中又以刑部权力最重，成为首要的司法机构。

在运行机制上，司法机构并无独立地位，而是俯首于皇帝，司法权因而也不是独立的权力，而是依附于皇权。皇帝有权指定管辖、有权终裁呈批案件、有权通过死刑复奏制度控制死刑的判决和执行、有权通过录囚制度监督审判。① 皇帝是真正的最高司法机构，也是传统中国的最高审级。司法权和司法机构的行政化是传统中国司法的另一大特点。司法权不仅是皇权的附庸，也是行政权的附庸，行政介入司法不仅是一种传统，而且有着制度上保障。最终在"三法司"中成为首要司法机构的刑部，就是行政机构之一。作为最高行政官员的宰辅之臣和高级行政官员，可以通过会审、复决死刑等途径干预司法。

（二）近代中国的司法制度改造："司法院"的产生和演化

1906 年清廷厘定新官制，其中刑部更名为法部，大理寺更名为大理院。1910 年《法院编制法》颁布后，法部主要负责司法行政事务，而大理院则成为唯一的最高审判机构。在清末修律和立宪的背景下，传统中国的"三法司"体系解体。在北洋政府时期，法部进一步更名为司法部，专司司法行政事务，而大理院的最高审判机构职能加强。由于当时中国立法进程刚刚开启，各类法律繁多，大理院因而除审判民事刑事案件职能外，还具备对"法律"进行"统一解释"的职能，这也是日后台湾地区司法机构对"法律统一解释"制度的滥觞。然而，这些改革都处于乱世之中，对于司法行政事务和审判事务未能完全分清。特别是大理院的行政事务是否由法部或司法部负责的棘手问题，导致"部院之争"时有发生。1927 年国民政府成立后，将大理院更名为最高法院，延续大理院审判和统一解释兼掌的制度，享有最高审判权和对法律的统一解释权。同时，国民政府内设司法部，负责司法行政事务。

1928 年 10 月 8 日，国民政府正式颁布《国民政府组织法》，按照孙中山的"五权宪法"学说分设立法、行政、司法、考试、监察五院，"司法院"也第一次登上历史舞台。根据《国民政府组织法》规定，"司法院为国

---

① 陈晓枫、柳正权：《中国法制史》（下册），武汉大学出版社 2012 年版，第 738—741 页。

民政府最高司法机关,掌理司法审判、司法行政、官吏惩戒及行政审判之职权。"另据同年颁布的《司法院组织法》,"司法院"内设"司法行政部""最高法院""行政法院"和"公务员惩戒委员会",其中后三者分别掌理普通民事刑事案件、行政案件和公务员惩戒案件的最高审判权,相当于德国各分立式的最高法院,[①] 而"司法行政部"则负责司法行政事务。因此,"司法院"在产生之初其实并不是一个纯粹的审判机构,而是作为总管司法审判事务和司法行政事务的最高司法机关。这一局面仅仅维持了3年,在1931年国民政府新修订的《国民政府组织法》中,"司法院"的地位就从最高司法机关降格为最高审判机关,"司法行政部"改隶属于"行政院"。在1934年,"司法行政部"再次回归"司法院"。1936年5月5日颁布的《五五宪草》,对于司法行政权归属于"司法院"做出了详细的说明,摘录如下:[②]

> 其一,孙中山手订《建国大纲》内列举行政院各部,其中并无司法部或司法行政部之名,而其在广州革命政府时期所设最高法院即监管司法行政,可见司法行政由司法院掌理乃"国父之本意";其二,依孙文遗教,五院皆对国民大会负责,司法院对国大所负应为司法行政之责,而非审判之责,因为法官依法独立审判,不对国大负责;其三,司法行政如交由行政院,可能影响法官审判独立。

这种颇具政治原意解释意味的理由,支撑了《五五宪草》对于"司法院"的规定。在抗战期间,国民参政会对《五五宪草》进行了部分修改。在1942年,司法行政权再次从"司法院"中被拿出,"司法行政部"再度改隶"行政院"。司法行政权的变迁,实际上是传统中国司法制度和近代西方司法制度对撞的一个侧面。行政与司法合一的传统中国司法制度,与强调司法独立、司法与行政分离的近代西方司法制度,在司法行政权上发生了交集和碰撞。孙中山的"五权宪法"并无如此细部问题的解决方案,而革命草创时期的制度安排并不足以为政治设计的凭据。"司法院"究竟为何,只能成为政治博弈的一项议题,随着政治决断的变迁而变迁。

(三)1946年"宪法"中的"司法院"及其前后争论

抗战胜利后,国民党、共产党以及中国其他政党在重庆召开政治协商会

---

①　祝捷:《外国宪法》,武汉大学出版社2010年版,第152页。

②　"'立法院''宪法草案'宣传委员会"编:《"中华民国宪法草案"说明书》,正中书局1940年版,第52—53页。转引自聂鑫:《中国法制史讲义》,北京大学出版社2014年版,第150页。

议，修改《五五宪草》、形成新宪法，成为政治协商的一项重要议题。经过各政党的博弈和唇枪舌剑，1946 年 1 月 31 日，政治协商会议形成《宪法草案》，通过十二项宪草修改的原则，其中第四条原则规定："司法院为最高法院，不兼管司法行政，由大法官若干组织之，大法官由总统提名，经监察院同意任命之，各级法官须超出于党派之外。"这一原则除直接指导 1946 年"宪法"的制定外，还有着以下意义：其一，结束了民国以来的司法行政权归属争议，按照近代西方的司法制度，司法行政权从司法权剥离至行政机构，"司法院"不再兼管司法行政；其二，在正式文件中，仿照美国最高法院体制，出现"大法官"一词，这也是"大法官"一词，继罗隆基在学理层面提出后，首次出现在正式文本中，表明"司法院"已经出现向美国最高法院靠拢的趋势；① 其三，对于"司法院"与"总统""监察院"的关系进行了框架性的规定。

1946 年 11 月，"立法院院长"孙科对于 1946 年"宪法"中的"司法院"条款做出了一个说明："本宪草规定司法院为国家最高审判机关，与现在司法院不同，掌理民事刑事行政诉讼之审判及宪法之解释，且组织方式亦有所改变。"表面上看，孙科的表述完全体现了上述"政协原则"，但从 1946 年"宪法"的文本看，却与"政协原则"有着些许区别。1946 年"宪法"对"司法院"的规定摘录如下：

"第七章　司法

第七十七条　司法院为国家最高司法机关，掌理民事、刑事、行政诉讼之审判及公务员之惩戒。

第七十八条　司法院解释宪法，并有统一解释法律及命令之权。

第七十九条　司法院设院长、副院长各一人，由总统提名，经监察院同意任命之。

司法院设大法官若干人，掌理本宪法第七十八条规定事项，由总统提名，经监察院同意任命之。

第八十条　法官须超出党派以外，依据法律独立审判，不受任何干涉。

第八十一条　法官为终身职，非受刑事或惩戒处分，或禁治产之宣

---

① 翁岳生：《大法官功能演变之探讨》，载翁岳生：《法治国家之行政与司法》，月旦出版公司 1994 年版，第 414 页。

告，不得免职。非依法律不得停职、转任或减俸。

第八十二条　司法院及各级法院之组织，以法律定之。"

按第 77 条，"司法院"虽托名"最高司法机关"，但实际上不再负责司法行政事务，保持"最高司法机关"的定性，主要目的是维持"五权宪法"中的"司法"定位。第 78 条兼吸收美国最高法院职司宪法解释的职能和自北洋政府以降大理院职司统一解释的职能，赋予"司法院""宪法解释"和"统一解释"之权。到第 79 条，"大法官"仅被赋予第 78 条的职权，而无审判职权。结合第 77 条所列举法院的隶属情况，"最高法院""行政法院"和"公务员惩戒委员会"均隶属于"行政院"的"司法行政部"。因此，1946 年"宪法"的"司法院"与其说是模仿的美国最高法院，不如说更加接近于专司宪法解释的德国联邦宪法法院。① 这一定位，造成"司法院"与"司法院大法官"职能分离的局面，直到 55 年后的 2001 年，方由"大法官"作成"释字第 530 号解释"改变。"释字第 530 号解释"要求台湾地区司法改革回归"司法院"作为"最高审判机关"的本旨，算是回归到"政协原则"对于"司法院"的定位上。甚至可以说，此时的"司法院"才真正完成了从传统中国司法制度向近（现）代西方司法制度的变迁。

第二节　"司法违宪审查"的政治功能

根据台湾地区现行"宪法"第 78 条的规定，台湾地区司法机构是执掌台湾地区"宪法解释"和"统一解释"的机构，因而也承担着台湾地区"违宪审查"职能。台湾地区司法机构发挥政治功能的主要途径，也是通过"宪法解释"和"违宪审查"的途径。因此，在西方宪法学上争论颇多的"司法违宪审查"政治功能问题，亦可用于分析台湾地区司法机构的政治功能。

一、司法权及其影响政治的方式

尽管在古希腊时期，亚里士多德等政法先哲就曾经讨论过司法权的概念，但司法权在理论上作为一个独立的权力形态出现，肇始于孟德斯鸠的

---

① 周叶中、祝捷：《台湾地区"宪政改革"研究》，香港社会科学出版社有限公司 2007 年版，第 91 页。

《论法的精神》一书。孟德斯鸠在《论法的精神》一书中，将司法权称为"裁判权力"。在《牛津法律大辞典》《元照英美法词典》等著名法律辞书中，司法权都被定义为与立法权和行政权相对，法院和法官依法享有的审理和裁决案件，并做出有拘束力判决的权力。① 从性质上来看，司法权之所以能够成为三权之一，而不是被归入立法权和行政权，其原因仍是司法权有着鲜明的特点：其一，相对于立法权而言，司法权是一项个别的权力，它只针对个案，而不是如立法权一般，为社会全体成员的一般行为制定抽象的、统一的规则，亦即司法权并不具有造法的功能；其二，相对于行政权而言，司法权是一项被动的权力，它只能由当事人提起，而不能由权力主体（法官或法院）主动提起。②

个别、被动的司法权又如何影响政治呢？司法权能够影响政治，而非单向地成为政治的附庸，与政治本身的文明化有着密切的关联。对于政治的概念，德国公法学家施米特做出了经典的解释。施米特认为，要想明确政治的定义，首先就必须界定特定的政治内涵。就像道德领域的善与恶、审美领域的美与丑、经济领域的利与害一样，敌与友是政治领域里的相互对立的规定。所有政治活动和政治动机所能归结的具体政治性划分就是朋友和敌人的划分。③ 施米特对于政治的定义，剥下了一切关于政治的美丽画皮，用现实主义的立场为政治下了一个冷冰冰的定义。由于敌与友的划分太过随意，因而政治其实在施米特的眼中成为一个游移性和可塑性较强的概念。施米特对此并不讳言："在道德上邪恶、审美上丑陋或经济上有害的，不一定必然成为敌人；而就朋友一词所具有的特殊政治含义来讲，在道德上善良、审美上靓丽且经济上有利可图的，并不必然成为朋友。"④ "因此，政治能够抛开其他对立面独立地处理、区别并理解朋友—敌人这个对立面，借助于此，政治所固有的客观本质和自主性也就变得显而易见了。"⑤

---

① ［英］戴维·M·沃克：《牛津法律大辞典》，光明日报出版社1988年版，第484页；薛波主编：《元照英美法词典》，法律出版社2003年版，第750页。
② 王利明：《司法改革研究》，法律出版社2000年版，第9页。
③ ［德］施米特著：《政治的概念》，刘宗坤、朱雁冰译，上海人民出版社2008年版，第138页。
④ ［德］施米特著：《政治的概念》，刘宗坤、朱雁冰译，上海人民出版社2008年版，第139页。
⑤ ［德］施米特著：《政治的概念》，刘宗坤、朱雁冰译，上海人民出版社2008年版，第139页。

施米特将政治界定为区分敌友,但他没有给出界定区分敌友的方法。因此,施米特对于政治的定义,实际上是将政治看作一个相当随性的概念,这或许也印证了历史上政治权力享有者的恣意性。因此,由此引申出政治权力如何界定和控制的问题。通过法律的权力控制,成为规范政治权力最佳的方式。因此,人类法治演进的历史,在一定程度上就是政治权力逐渐服从法律的历史。政治权力的范围被法律界定,政治权力的行使由法律规定,政治权力的危害由法律矫正,政治权力的纠纷由法律解决。对于政治权力的合法性控制,杜绝了敌友区分的随意性,使得政治能够在法律框架内合理运行。从政治到法律,这一人类文明的进步,实际上也是为司法能够影响政治提供了一种可能性。从理论逻辑上而言,政治的法律化,使得法律得以影响政治,而作为职司法律裁判的司法权,也就顺理成章地形成了对于政治的影响力。这种理论逻辑的判断,与政治和法律、政治与司法互动的历史也是完全相符的。正是政治权力对于法律的不断退让和服膺,司法才从附着于王权或皇权的附庸,成为具有独立特征的公权力,并且具备了影响政治的可能性。

司法权影响政治,也就是司法权发挥政治功能的途径,主要有两条。第一条是通过对法律,特别是宪法的解释,影响政治。施米特在《宪法学说》一书中,将"宪法"定义为是关于政治统一体的类型和形式的总体决断。[①]施米特在此使用了"宪法＝政治决断"的表达,事实上表达了一种"文明化的政治"观念。文明化的政治和非文明化的政治,一个首要的区别,就是文明化的政治所体现的敌友观,被预先以明文的方式体现在法律特别是宪法之中,而非文明化的政治则是一种无拘束的、随意的敌友观。因此,对于宪法的解释,在文明化的政治中,就是对于"政治决断"的解释。作为职司宪法解释的司法机构,当然能够通过解释宪法影响政治。如果说第一条路径稍显曲折的话,那么第二条路径则比较直接地将司法权引入政治,即通过某些特定的案例类型,对政治产生影响。特定的案件类型,包括选举诉讼、公权力机构的权限争议诉讼、立法机构在行使职权过程中产生的诉讼、公民投票有关的诉讼以及涉及政治争议的普通民事、刑事和行政案件,等等。在这些案件中,司法机构做出的裁判,有着直接产生或更改政治决断的作用,当然也是司法权发挥政治功能的路径。

当然,本书对于司法权影响政治的讨论,并不意味着政治只是单向地受

---

① 　[德]施米特著:《宪法学说》,刘锋译,上海人民出版社2005年版,第25页。

司法权的影响，政治仍可以通过各种途径对司法造成压力。职司司法的法院和法官在做出有关政治争议的裁判或者解释时，也必须考虑政治的后果，而并非能够完全恣意随性地做出裁判和解释。

二、"司法违宪审查"政治功能的限度

尽管以上论证了司法权影响政治的可能性和必要性，但并不意味着司法权可以无限制地影响政治。必须注意的是，司法权对于政治的介入，并没有就此改变司法权个案性和被动性的特点。司法权不应当在政治的荆棘丛中迷失本性，已经成为一项宪法学的基本共识。关于"司法违宪审查"政治功能的限度，在比较宪法学上有着两种学说，即司法克制主义或曰司法消极主义和司法能动主义或曰司法积极主义。对司法克制主义和司法能动主义的探讨都起源于美国，很大程度上是对美国最高法院和政治之间关系的一种探讨。

是司法克制主义，还是司法能动主义，区分的标准都是围绕着四个问题展开：其一，司法是否能够创造新的规则，以推翻先例判决或扩展立法原意；其二，司法应当从宽还是从严解释宪法；其三，司法应当积极地介入政治，还是应当远离政治；其四，法院是否应当积极地行使自己的权力。一般来说，如果认为司法能够通过创造新的规则，推翻先例判决或扩展立法原意，从宽解释宪法，积极介入政治，积极行使权力则为司法能动主义，反之，如果认为司法应当恪守先例判决或立法原意，从严解释宪法，与政治保持距离，尽可能缩小法院权力，即为司法克制主义。

（一）司法克制主义

司法克制主义，又被称为司法消极主义，在美国宪法学说的谱系中是一种保守的立场。司法克制主义在美国最早可追溯至马歇尔大法官时代。马歇尔大法官虽然通过马伯里诉麦迪逊案，完成了司法机构"伟大的篡权"，但是马歇尔本人并不是一位司法能动主义者。相反，马歇尔认为应当对成文宪法的原意进行严格、客观的解释，以发挥宪法对于政治和社会生活的规约作用。马歇尔遵循司法克制主义的目的，实际上延续了他在马伯里诉麦迪逊案中的思路，即树立宪法对于普通法律和权力机构的权威，用宪法作为统合联邦的规范依据。马歇尔大法官的继任者坦尼，对于法院和宪法的关系有着明确的论述："若将该法律（指宪法——引注）所规定的内容纳入管辖范围，我们就必须行使宽泛和不确定的裁量权，没有任何确定和可靠的规则给我们

以指导"，"在我看来，这样一种裁量权留给立法机关而不是司法机关更为合适。"① 遗憾的是，在著名的司各特诉桑福德案中，坦尼大法官并没有遵循他自己阐述的司法克制主义，而酿成了他本人及美国最高法院的悲剧。

司法克制主义在坦尼之后出现式微的态势。在 19 世纪中后期到 20 世纪中前期，美国最高法院对于宪法的解释开始更加激进和积极，以至于在洛克纳诉纽约州案时达到了顶峰，形成美国司法史上评价最为多元和复杂的洛克纳时期。由于罗斯福新政的需要，以及洛克纳案所形成的规则，过于扩大最高法院在解释宪法方面的职权，美国最高法院在 1937 年的西海岸旅馆诉帕里西案中，改变立场，转向司法克制。在卡洛琳案中，Stone 大法官提出的"脚注四"，对于经济管制案件和涉及基本权利的案件，形成双重审查基准，在一定程度上平衡了司法能动主义和司法克制主义的关系。这一双重基准，即便在民权最为"狂飙突进"的沃伦法院时期，也获得了遵守。沃伦法院后，美国最高法院不仅在经济管制案件领域坚持克制立场，而且在堕胎、同性恋等领域，也渐趋克制。

司法克制主义，要求法官在解释宪法和面对政治时，最好充当法律的留声机，其作用就是"精确复述法律已经明确宣布之规则"。② 司法克制主义的产生原因，实际上是司法权面对其他政治权力的一种自我谦抑。毕竟，按照汉密尔顿的观点，最高法院既无军权也无财权，③ 是三权中最为微弱的权力。最高法院的权力本质就是一种基于宪法和法律的判断权，只有维护好了宪法和法律的权威，最高法院的权威才能获得真正的确立。否则，既无军权也无财权的最高法院，在政治斗争中很容易被击溃。同时，按照权力分立的原则，任何权力都无权扩张宪法，或者僭越宪法未赋予的权力，即便是作为职司宪法解释的最高法院也不例外。任何权力机构都可能成为"利维坦"，从维护权力平衡的角度而言，司法克制主义也是维护稳定政治体制的一种必要。

（二）司法能动主义

与司法克制主义相对，司法能动主义主张法院应当通过宪法解释和违宪审查途径，积极干预政治和公共政策，因而又被称为司法积极主义。司法能

---

① ［美］伯纳德·施瓦茨：《美国最高法院史》，毕洪海等译，中国政法大学出版社 2005 年版，第 102 页。

② ［美］波斯纳：《联邦法院——挑战与改革》，邓海平译，中国政法大学出版社 2002 年版，第 328 页。

③ ［美］汉密尔顿：《联邦党人文集》，商务印书馆 2009 年版，第 453 页。

动主义实际上是司法权发展的必然，其与职司宪法解释和违宪审查的最高司法机构有着密切的关联。正是司法违宪审查制度的出现，使得司法权能够通过法律途径积极地干预司法，必然导致司法对于政治的积极介入，从而产生了司法能动主义。事实上，司法能动主义的出现，与司法权的成熟与强化也有着密切联系。正如前文所述，司法权是三权分立体制中最为薄弱的一环，司法权要监督强势的立法权和行政权，必然需要自身的足够有力和强大。司法权，特别是最高法院的成熟，需要一个过程。这或许能够在一定程度上解释为何马歇尔和坦尼两任大法官都在总体上坚持司法克制主义，也能够在一定程度上解释为何坦尼大法官违背司法克制主义时，引发政治力的强烈反弹。

　　司法能动主义的真正勃兴，已经是在美国建国近 100 年时。此时美国政治制度基本定型和成熟，司法权已经借助违宪审查制度，执掌对于宪法的最高解释权和判断权，成为三权中不再能够被忽视的一环。美国最高法院一改对国会立法的尊重态度，发挥了较强的司法能动主义。如在 1827 年的"屠宰场"中，美国最高法院还宣布国会立法必须违宪到"不存在任何合理怀疑"的程度，法院才能宣告其违宪，而在 1905 年的洛克纳诉纽约州案中，法院已经要求国会立法必须满足"公平、合理和适当"的要求，而且不具备"不合理、不必要和恣意"的负面因素，还必须在手段和目的之间形成"真正且实质"的关联。最高法院对于国会立法过严的标准，实际上已经主导了国会和政府的政策制定权，开始积极地介入政治。1938 年的卡洛琳案用双重基准调和了司法克制主义和司法能动主义，但从另一个角度来理解，也是在一定程度上为司法能动主义打开了方便之门。至少在基本权利领域，最高法院的司法能动主义不再需要遮遮掩掩。而在 20 世纪 70 年代后，美国最高法院趋向保守化，司法能动主义的范围被逐渐限制，只在个别案件（如戈尔诉布什案和最近发生的"同性婚姻合法"案）上有所表现。

　　司法能动主义具体体现在对于宪法的解释以及对于被诉违宪法律的处置上。与司法克制主义不同，司法能动主义认为宪法的含义是随着时间变迁而变迁的，宪法的含义并不是一成不变的。因此，司法能动主义在宪法解释时，除了参考宪法文本的文义和历史材料（即文义解释和历史解释）之外，还需要考量解释宪法时的政治社会环境和需求。① 由于司法能动主义偏好对

---

① 李辉：《论司法能动主义》，中国法制出版社 2012 版，第 47 页。

于严格审查基准的运用，因而导致被诉违宪的法律被宣告违宪的可能性较大。由于体现政治决断和公共政策的法律被宣告违宪，涉及的政治决断和公共政策也就自然无法推行。

当然，司法克制主义和司法能动主义并不是一种确定的行为模式，而是一种被总结出来的理论学说。本书认为，司法克制主义和司法能动主义在研究司法机构的政治功能时，应当同时考虑而不可偏废，理由如下：其一，权力分立的原则，实际上是一种"功能最适"和"相互制约"的平衡，既强调权力的分立，以避免权力的集中，又要强调对于权力的相互制约，以避免分立的权力不受制约，对于立法、行政、司法等权力的设计和安排，包括与权力行使相关的体制机制，都与此两者的平衡有关，如果说司法克制主义体现了权力分立原则中"功能最适"的方面，那么司法能动主义就是权力"相互制约"的体现，两者其实都融合进权力分立原则之中，并无优劣之分；其二，宪法自身的安定性和变迁性特点，也决定了对于宪法的解释，必须在维护宪法安定和保持宪法与时代同步变迁之间寻求平衡，司法克制主义恰恰是维护宪法安定性的需求，在解释宪法时尽量选择文义解释和历史解释，而司法能动主义则更加偏向推动宪法与时代发展的同步性，在解释宪法时偏好目的解释、体系解释以及其他社会学解释方法的运用。本书在研究台湾地区司法机构时，将从司法克制主义和司法能动主义两个维度，对台湾地区司法机构的政治功能及其局限进行讨论。

第三节　"司法违宪审查"的正当性争议

司法克制主义和司法能动主义的争论，是司法违宪审查正当性存疑的表现。由于司法违宪审查至少在表面上的民主性缺失以及解释宪法时的恣意性，导致司法审查面临着正当性的争议。这种也被认为涉及民主本质、司法特性、宪法解释等重大问题，因而被称为宪法学的元问题。[①]

一、"司法违宪审查"的"抗多数困境"

如果说在政治文明的演进史上，代议机构以立法权制约王权的行政权，

---

① 祝捷：《走出"方法越多秩序越少"的困境——宪法解释方法论之批判与重构》，载《第二届全国公法学博士生论坛论文集》2007年，第279页。

实现了政治的民主化。但是，正如汉密尔顿所言：173 个君主和 1 个君主一样暴虐无道。没有制约的立法权与行政权一样，会对公民基本权利和社会基本秩序造成危害。因此，司法权在一定程度上担当了限制立法权的重任。可以说，司法违宪审查的正当性，在于它是一个文明国家既要求建立民主的政体，却又不放心民主这一悖论的有效途径。然而，对于司法审查至少有以下两点值得怀疑。

第一，司法审查"在表面上"缺乏民主性。托克维尔在检讨了美国的民主后，提出制止"多数人暴政"的最佳途径是引入贵族制政体的因素，而他认为法院是民主国家中最具有贵族政体因素的政治部门，以此为基础，他提出了以司法权规制民主盲动的思想。① 可以说，在托克维尔眼中，司法权之所以能够制衡民主正是在于其民主性的缺乏。这一观点也为后世绝大多数学者接受。如果司法权仅仅在非政治意义上制衡民主，对于司法审查也不必有过多的紧张和怀疑。但是，最高法院（宪法法院）的宪法裁判具有"终局效力"，一旦作成，除非人民透过极其复杂的修宪程序无法推翻最高法院的决定，宪法裁判也即具有了政治性，最高法院成为政治问题的最终决定者。② 如果说，此前的法院一般通过事后个案审查的方式矫正立法权和行政权，近年来，这种状况已经所有改变。在美国，人们在一些政治问题上越来越愿意倾听最高法院的意见，而欧洲大陆国家的宪法法院则显得更加积极，更加愿意对政治问题发表自己的意见，况且欧洲的宪法法院本来就拥有抽象规范的审查权和部分的事前审查权，司法积极地介入政治问题已经成为一个显见的趋势。③

第二，法官个人因素及其与社会的疏离使司法审查的实效大打折扣。由于判例法的传统，美国最高法院的"九尊宪法守护神"在案件审判过程中强调"自由心证"，加之事关宪法的案件一般都是规范模糊不明确（如言论自由的界限和宗教问题）、高度伦理化（如堕胎问题）、价值立场高度分歧（如奴隶制和种族歧视系列案）和涉及意识形态取向（如经济正当程序系列案）的疑难案件，法官本人的价值倾向和政治理念显得尤为重要，在相当程度上影响其宪法裁判，除此之外，裁判的技术性成为影响司法审查实效的

---

① ［法］托克维尔：《论美国的民主》，董果良译，商务印书馆 1997 年版，第 309 页。
② 黄昭元：《司法违宪审查的正当性争议》，载《台大法学论丛》2003 年第 6 期。
③ ［法］孟德斯鸠：《论法的精神》，张雁深译，商务印书馆 1982 年版，第 156 页。

因素之一。为了保证司法权的中立性和独立性，各国宪法为法官提供了强而有力的制度保障和物质保障，集中体现为终身或固定期限任职、优厚的物质待遇和一般法律责任的免除等。相对稳定的职业体系和优厚的物质待遇也使法官在一定程度上与社会产生疏离，法院本身成为一个封闭自治的官僚体系。由于这个体系立基于对民主的不信任，且拥有最终意义上的政治权力，其运行结果损及民主的可能性并不见得比立法权和行政权小多少。

基于上述原因，美国宪法学者比克尔教授提出了司法违宪审查的"抗多数困境"（counter-majoritarian difficulty）理论。[①]"抗多数困境"理论最早由比克尔教授在其名著《最小危险的部门》一书中提出。比克尔教授认为，司法审查的正当性不能从宪法规范中得到证明，也不能根据司法审查一贯的历史经验予以说明，而应在与立法部门和行政部门的关系中得到说明；议会和总统可以宣称代表人民，是因为他们与人民之间确实有选举联系，而非民选的法官也宣称代表人民，并且可以高于民选机关，凭的是什么？这一疑问即所谓"抗多数困境"。尽管比克尔教授也承认当立法机关多数所通过的法律抵触宪法时，也就等于抵触了人民的意志，因为宪法代表着比议会普通立法"更高级"的人民意志。这里所讲的"人民"实在是一个太抽象的概念，与其说是一个法律上的概念，不如说是一个情感上的概念。比克尔教授进一步指出："当最高法院宣告……违宪时，它实际上挫败了当时当地人民的真实意志，它所施加的控制，不是代表多数，而是反对它。"[②] 黄昭元教授将比克尔教授的理论总结为："法院没有民意基础，加上可以否定多数人民的意志，等于以现实的少数推翻现实的多数，在这个意义上，司法审查的确是不民主的，是对抗民主的。"[③]

"抗多数困境"理论在相当程度上指出了司法违宪审查所面临的困境，也对司法机构到底应当介入政治以及如何介入政治提出了诘问。事实上，自从马歇尔建立司法违宪审查制度以来，对于司法违宪审查的批判就从未停止，"抗多数困境"理论只是将这个问题再次提出。每到美国最高法院或者其他国家或地区的最高司法机构做出重大判决或有争议的判决时，这些国家

①　[美] 亚历山大·比克尔：《最小危险部门》，姚中秋译，北京大学出版社 2007 年版，第 17 页。

②　[美] 亚历山大·比克尔：《最小危险部门》，姚中秋译，北京大学出版社 2007 年版，第 17 页。

③　黄昭元：《司法违宪审查的正当性争议》，载《台大法学论丛》2003 年第 6 期。

或者地区的法院就会遭遇"抗多数困境"的诘问。如何从理论上解决"抗多数困境",因而也成为宪法学界关注的焦点问题。

二、走出"抗多数困境"的理论尝试

比克尔教授本人提出了"抗多数困境",也给出了他对于"抗多数困境"的解决之道。为了解决这个困境,比克尔教授提出了"司法自制主义"的药方。在比克尔教授看来,最高法院的基本功能是要维护宪法的长远价值和原则,秉承司法的"消极美德"(passive virtues),避免与立法权和行政权的过早直接接触,只有当"原则"与"同意"产生冲突的时候,法院才得介入。[①] 尽管比克尔教授提出了问题,但是他开出的药方却并不合适,他所称的"司法自制主义"实际是鼓励法官对政治争议的"暂时逃避"。

应该说,比克尔教授提出了一个好问题,却没有能够解决它。台湾学者黄昭元曾经从实体和程序两个维度,对于美国宪法学界解决抗多数困境的理论尝试进行了总结。[②] 由于此类理论林林总总,无法完全详述,且其中更兼有对民主、法治、宪政等宪法学核心概念的重构与解读,本书限于篇幅,因而只介绍德沃金的"整合法律"理论(integrity of law)和阿克曼的"时际困境"理论(intertemporal difficulty)。

(一)德沃金的"整合法律"理论和"唯一正解"

整合法律,通常也被译为整全法,[③] 是德沃金所构建的理想法律图景。德沃金认为,法律是一个"完美封闭"的体系,在这个体系中,除了已经由成文法或判例法所确定的规则,还有原则。在这个由"规则"和"原则"所构成的法律体系中,任何案件都能从规则或者原则中找到"唯一正解",因而不需要借助承认规则引入新的规则,从而防止法官造法的情况出现。德沃金认为,一个好的法官,应当是能够发现这个"唯一正解"的法官。为此,德沃金专门构想了一位"具有超能才能和永世长存"的赫拉克勒斯式的法官。[④] 在德沃金看来,赫拉克勒斯应当是这样解决"疑难案件"的:尽管在成文法或者判例法中并没有针对疑难案件的处理方法,但是,"整全法"还包含着"立法者设法使整套法律在道德方面取得一致"的"立法原

---

① 黄昭元:《司法违宪审查的正当性争议》,载《台大法学论丛》2003 年第 6 期。
② 黄昭元:《司法违宪审查的正当性争议》,载《台大法学论丛》2003 年第 6 期。
③ 林立:《法学方法论与德沃金》,中国政法大学出版社 2002 年版,第 12 页。
④ [美] 德沃金:《法律帝国》,李常青译,中国大百科全书出版社 1996 年版,第 219 页。

则"，赫拉克勒斯必须去发现这个"立法原则"，并依照"将法律理解为在道德方面一致"的"审判原则"，将这个"立法原则"适用于疑难案件，并形成能够解决疑难案件的规则。① 这个"立法原则"以及由此形成的规则，对于这个疑难案件而言，就是所谓"唯一正解"。

德沃金事实上是希望通过对法官解释方法的规约，出现一位"赫拉克勒斯"型的法官，以弥合法官恣意解释宪法的缺陷。同时，德沃金还对"民主"的内涵进行了重新解释。为了说明宪法解释的价值基础，他专门提出了"合宪性民主"（constitutional conception of democracy），即民主不应是统计学意义上的数字，而应该是保障自由、平等权利的民主，进一步提出"平等自由与尊重"等实体价值作为"合宪性民主"的核心原则。② 在德沃金教授的眼中，司法审查制度则是保障"合宪性民主"的最好方式："一个有司法审查制度的国家会比没有此项制度，而将人民权利完全交给政治部门（立法者）决定的国家更民主。"③ 但是，德沃金却走向了一个极端，即将司法审查的正当性依赖于"超人法官"以及充满理性和智慧的判决书，表示出极端的唯心主义倾向。同时又把问题引回到了原点，即为何法官较之立法机关更具理性和权威性。

（二）阿克曼的"时际困境"理论和"双元民主"的构建

阿克曼教授则否定了司法审查是"少数否定多数"这一观点。从时际观点出发，他将司法审查与民主之间的对立概括为不同时代之间多数的冲突，这一观点被称为"时际困境"理论。这一理论的基础是其所谓"双轨民主"论，他将美国民主政治区别为"宪法政治"（constitutional politics）和"普通政治"（ordinary politics），而司法审查的功能正是维护前者所形成的宪法典范不受后者的破坏。宪法是制宪时人们通过充分动员和严谨的制宪程序达成的共识，从长远的视野而言，宪法典范无疑具有更广阔、更深厚的价值，其效力高于前者。司法审查正是要维护这一宪法典范。法院通过司法制度维护宪法，就是维护这一更加深远的宪法价值，防止短期民主的盲动。

---

① ［美］德沃金：《法律帝国》，李常青译，中国大百科全书出版社 1996 年版，第 158、300—304 页。

② ［美］德沃金：《认真对待权利》，信春鹰、吴玉章译，中国大百科全书出版社 1998 年版，第 24—26 页。

③ ［美］德沃金：《认真对待权利》，信春鹰、吴玉章译，中国大百科全书出版社 1998 年版，第 7 页。

所以，"抗多数困境"根本不存在，或者说"抗多数"不仅不是对司法审查正当性的质疑，反而是司法审查正当性的基础。① 阿克曼教授的观点具有一定的说服力，也可以很好地与司法权滞后性与保守性的特征相契合。但是，阿克曼教授用静态的观念看待动态的社会变革和宪法实践，不过是一种历史解释方法的应用。宪法的审慎性尽管保证了宪法秩序的稳定并能有效遏制民主的躁动，但并不意味着宪法可以停滞不前，宪法的滞后性和保守性必须维持在一定的限度范围之内，对于社会的变革，宪法必须在一个合理期限内做出回应，否则宪法将成为脱离现实的死法。阿克曼教授将司法审查的正当性定位于对历史的解释方法上，无助于问题的解决。

三、"司法违宪审查"的政治边界

比克尔、德沃金、阿克曼以及本书未列举的伊利、② 图施耐特③等学者对于司法违宪审查正当性争议的解决方案，都是从理论角度形成。那么，各国和地区职司宪法解释的司法机构，在实务中则没有如学者那样殚精竭虑，而是采取了一种消极、回避的态度，并发展出了诸如政治问题不审查（美国）和不受法官管辖的高权行为（德国）等判准，从而在消极意义上划定了司法违宪审查政治功能的范围。

（一）美国："政治问题不审查"原则

"政治问题不审查"原则的表述，最早亦出现在"马伯里诉麦迪逊"案的判决书中。马歇尔大法官认为："不论对行政裁量权的运用方式采取何种意见，都不存在——也不可能存在——任何控制这种裁量权的权力。这类议题是政治性的。"④ "政治问题不审查"原则的确立，是在坦尼大法官时期完成的。在"路德诉博登"（Luther v. Borden）一案中，坦尼大法官在回答何为"共和政体"时，明确提出："美国应保障全国各州实行共和政体一节，国会在确定州政府是否为共和政体之前，必须先确定何者政府为州成立的合

---

① ［美］阿克曼：《我们人民：宪法的根基》，法律出版社 2004 年版，第 3—23 页。

② ［美］伊利：《民主与不信任》，朱中一、顾运译，法律出版社 2003 年版，第 89 页以下。

③ ［美］图施耐特：《新宪法秩序》，王书成译，中国人民大学出版社 2014 年版，第 203—204页。

④ ［美］保罗·布莱斯特等：《宪法决策的过程：案例与材料》（上册），张千帆、范亚峰、孙雯译，中国政法大学出版社 2002 年版，第 84 页。

法政府……此项决定拘束各州政府的其他政府部门，并非法院所能加以质疑。"①

经由这两个判决，美国最高法院开始频繁使用"政治问题不审查"原则回避涉及政治争议的个案。那么，什么是"政治问题"呢？在涉及选区划分的"贝克诉卡尔"（Baker v. Carr）案中，主笔的布伦南大法官提出了著名的"贝克判准"，摘录如下：

（政治问题是指）从外观上可以明显认定其涉及政治问题的案件，主要是宪法明文将该问题委诸于其他同等政治部门予以处理；或欠缺解决该问题所需之司法上可创获或可操作的标准；或需要明显非属司法裁量的先决政策决定，始足以做出司法判断；或法院如为独立的解释，势必构成对其他同等政府部门的不尊重；或确有特殊需要，须毫不犹豫地遵循已经做成的政治决定；或因不同政府部门之间就同一问题发表不同意见，而可能发生尴尬局面者。②

"政治问题不审查"原则并不意味着美国最高法院绝对不介入政治。相反，美国最高法院不仅没有不审查政治问题，反而积极地介入政治。如2000年的"戈尔诉布什"案，就是美国最高法院介入政治问题的经典案例。在一定程度上，"政治问题不审查"原则实际上是美国最高法院回避棘手案件的一项托词。政治问题不审查原则随着美国最高法院的经验传播而为众多国家所接受。如日本的"统治行为"理论，即被认为是日本版的"政治问题不审查原则"。③"政治问题不审查"原则在台湾地区还有着法实证主义的意义，也是唯一一个在台湾地区司法机构"大法官解释"的正式"解释文"中，被引用的理论。对于"政治问题不审查"原则在台湾地区司法机构"大法官解释"中的运用，本书将以"释字第328号解释"和"释字第419号解释"为例，在后文中予以详述。

（二）德国：不受法院管辖的高权行为

"不受法院管辖的高权行为"，是德国学者汉斯·施耐德（Hans Schnei-

---

①　李建良：《论司法审查的政治界限》，载李建良：《宪法理论与实践》（一），学林文化事业有限公司2003年版，第279页。

②　李建良：《论司法审查的政治界限》，载李建良：《宪法理论与实践》（一），学林文化事业有限公司2003年版，第283页。

③　陈道英：《日美司法审查比较研究——以司法消极主义为视角》，人民出版社2008年版，第142页。

der）根据比较法（特别是法国行政法）的结论，对于德国联邦宪法法院和行政法院受案范围提出的理论。施耐德教授认为，具有政治性的高权行为，应排除宪法法院审查范围，基本法本身对此也有规定，将与国家有关的棘手问题，交由政府部门单独决定，以减轻联邦宪法法院的负担，即为明证。施耐德也认为，不受司法审查的高权行为的认定，不应仅止于立法问题，而是法官的职责，因此，除了基本法对排除司法管辖的明确规定外，法官还应当追寻"高权行为"的本质，对政治问题的范围予以扩展。如施耐德所举的例子，总理所为的施政方针就不属于司法审查的范围。① 其余德国学者如考夫曼（Erich Kaufmann）、德哈特（M. Drath）等教授亦持上述观点。

德国学者对于不受法院管辖的高权行为的范围的理解，是凡应由国家自由决定的事项，通常缺乏法律上的规范，从而可以构成政治问题。考夫曼教授认为，政治问题与法律问题的区分在于争议强度的不同，或是系争问题是否为大众所瞩目，在此意义下，任何问题都有可能成为政治问题，而不以该问题是否具备政治属性而定。考夫曼教授对于政治问题的理解当然是过于广泛。德哈特教授认为主要是两者：其一，德国如将国家高权转移于国际组织的，在此范围内，宪法审判权随之终止；其二，如发生革命，对革命的法律评价或合法政府的承认，均非宪法法院的功能所在。② 显然，德哈特教授的理解又过于偏狭。施耐德教授则列举了属于"不受法院管辖的高权行为"的范围：其一，国会的决定；其二，外交高权行为，如外交豁免权的决定、外国或政府承认、外交保护的给予等；其三，命令行为，例如警察或军队采取行动决定；其四，管治行为，例如总理对于施政方针的确定，政府有关财政上的决定等；其五，总统行为，例如赦免行为、授予荣典或勋章等。③

和美国的"政治问题不审查"原则一样，德国联邦宪法法院也未必总是遵循上述理论，而是有选择性地介入政治。如著名的两德基础条约案和两德统一条约案，联邦宪法法院不仅介入了政治纷争，而且还充当了政治纷争

---

① 李建良：《国家高权行为与公法诉讼制度》，载李建良：《宪法理论与实践》（一），学林文化事业有限公司 2003 年版，第 367—368 页。

② 李建良：《国家高权行为与公法诉讼制度》，载李建良：《宪法理论与实践》（一），学林文化事业有限公司 2003 年版，第 367—368 页。

③ 李建良：《国家高权行为与公法诉讼制度》，载李建良：《宪法理论与实践》（一），学林文化事业有限公司 2003 年版，第 369 页。

的解决者和仲裁人。①

　　从比较法上综观司法违宪审查正当性及其争议,不难发现,无论何种理论学说或者实践判准,在职司司法违宪审查的最高司法机构看来,似乎并无多大的拘束力。司法机构实际上有些"戴着脚镣跳舞"的感觉。尽管各种理论风险和实践风险,对于司法机构介入政治、发挥政治功能有所影响,但司法机构仍然通过各种途径影响着政治,成为政治的积极干预者,乃至于政治纷争的最终裁决人。这一特点不仅体现在美德等国家,在我国台湾地区亦有体现。后文将从类型化的角度,对台湾地区司法机构对于政治的影响和政治功能进行详述。

---

　　① 参见祝捷:《联邦德国基本法与德国的统一》,载《武汉大学学报(哲学社会科学版)》2010年第5期。

第三章 制度实践（一）：台湾地区司法机构与两岸关系

台湾地区"司法院"作为台湾地区最高司法机构，不仅发挥着"违宪审查"的政治功能（承接前两章的内容），亦承担着解释台湾地区现行"宪法"和有关规定的重任，经常应申请颁布一些"宪法解释"。其中，相当一部分"宪法解释"直接或间接触及敏感的两岸关系，对两岸关系的法理定位有着明确的界定或者隐晦的暗示。据统计，截至 2015 年 12 月底，台湾地区司法机构"大法官"已作成"宪法解释"共 734 个，其中涉及两岸关系的有 20 个。① 这些"大法官解释"不仅严格遵循了台湾地区司法机构"大法官"解释"宪法"和有关规定的规范要求和司法实践，展现了极强的法律专业性和高超的技巧性，还与当局的政治保持着若即若离的吊诡关系，甚至某些"大法官解释"的"协同意见书"和"不同意见书"部分充斥了少数"大法官"对案件的观点，表现出鲜明的个性化色彩，"抒己见以明志"。要捋清这些看似混乱的"大法官解释"与两岸关系之间到底存在何种本质联系，首先就要对这些"宪法解释"进行梳理和分类。有学者曾提出依据所涉内容的不同将这些涉及两岸关系的"大法官解释"分为"法统"型解释、权利型解释和制度型解释，并分别对其解释方法予以挖掘和归纳。本章将采取这种三分法的分类方式，每种解释类型中选取几个典型的"大法官解释"对其进行简单的介绍，并着重分析其解释背景、功能以及影响，最后对台湾地区司法机构"大法官"解释两岸关系的司法行为进行评析。

第一节 "法统"型解释

"法统"通常是指一个国家和地区统治权力的法律依据，这种法律依据

---

① 该数据系作者依据台湾"法源法律网"：http：//db.lawbank.com.tw/FINT/FINTQRY02.aspx 统计而来，最后访问日期：2016 年 3 月 8 日。

一般从国家和地区的宪法或者与宪法具有同等效力的根本大法中获得。1949年国民党统治集团退据台湾后，对外为了在国际上维护其是代表"中国唯一合法政府"的形象，对内为了保持其统治体制的合法性，一直面临着如何延续其在台湾地区"法统"的"正当性"的难题。① "法统"型解释即是围绕台湾当局在台的所谓"法统"展开的"宪法解释"，这类"解释"的共同特点是为台湾当局在台统治提供"宪法"依据，以消弭所谓"全中国"与"小台湾"之间的"落差"，维护台当局的运转。② 作成于1954年的"释字第31号解释"是最早出现的亦是影响最大的"法统"型解释，为后来陆续作成的"释字第85号解释""释字第117号解释""释字第150号解释"和"释字第261号解释"等一系列"法统"型解释提供了先例。本节以"法统"的延续和解构为界限将这一系列"宪法解释"分为三个阶段，分别是延续"法统"的"释字第31号解释"、巩固"法统"的"释字第85号解释""释字第117号解释"和"释字第150号解释"，以及解构"法统"的"释字第261号解释"，并对每个阶段的"法统"型解释功能意义进行具体的评析。

一、"法统"的延续："释字第31号解释"与"万年国大"的开启

"释字第31号解释"作成于1954年初。彼时，国民党统治集团退台后不久，面临着第一届"立法院""立法委员"和"监察院""监察委员"的任期以及能否继续行使职权的难题。第一届"立法院""立法委员"和"监察院""监察委员"是由当时政权仍及于全中国绝大部分领土的中华民国政府于1948年前后以直接选举方式选举产生，按照台湾地区现行"宪法"第65条"'立法委员'之任期为3年，连选得连任，其选举于每届任满前3个月内完成之"及第93条"'监察委员'之任期为6年，连选得连任"的规定，"立法委员"和"监察委员"任期均已届满。面对这一难题，台湾地区司法机构"大法官"指出："唯值发生重大变故，事实上不能依法办理次届选举时，若听任'立法、监察两院'职权之行使陷于停顿，则显与'宪法'树立

---

① 参见朱天顺：《国民党在台湾的"法统"危机》，载《台湾研究集刊》1989年第3期。

② 参见周叶中、祝捷：《我国台湾地区"司法院大法官解释"两岸关系的方法》，载《现代法学》2008年第1期。

'五院'制度之本旨相违,故在第二届'委员',未能依法选出集会与召集以前,自应仍由第一届'立法委员''监察委员'继续行使其职权。"①

"释字第31号解释"借助台湾地区司法机构"大法官"权威确认了第一届"立法院""立法委员"和"监察院""监察委员"在第二届选出之前继续行使职权,并以"唯值发生重大变故,事实上不能依法办理次届选举时"的社会现实和"'宪法'树立'五院'制度"的意旨赋予其"正当性",致使第一届"立委"和"监委"任职长达40余年,上演了"万年国会"的闹剧,也为40余年后的"国会""正当性"危机埋下了伏笔。此后的几十年里,废除"万年国会",推动"国会"全面改选一直是台湾本地势力和反对运动反抗执政当局和要求政治变革的标靶。②

从所谓的"法统"角度来看,"释字第31号解释"的确延续了国民党当局在台"法统"的"合法性"和"正当性"。从"释字第31号解释"可以隐约推测出台湾地区司法机构当时的政治考量:国民党统治集团退据台湾后,因实际控制范围由"全中国"大幅度缩减为台湾地区,如果台湾当局仅在台湾地区依规则办理次届选举,无异于承认放弃大陆,无异于对"领土"仅限于台湾地区的认可,无异于对"领土"的不统一。于是,台湾当局借助台湾地区司法机构之口,身着"'宪法'树立'五院'制度之本旨"的外衣,确认第一届"立委"和"监委"继续任职,从而延续了国民党当局在台湾地区"法统"的"正当性"和执政的"合法性"。③

在做出"释字第31号解释"时,台湾地区司法机构对两岸关系的定位非常明确,即"两岸同属一个中国('中华民国')",因此当然不能由一个仅由台湾人民选举产生的民意机构来代表全中国人民的意志。④ 台湾地区司法机构"大法官"借助"宪法解释"对两岸关系进行定位的这种行为本身以及流露出来的具体政治态度对后来做出的一系列涉及两岸关系的"解释"影响深远,直至20世纪90年代,台湾地区司法机构所做出的有关两岸关系的"宪法解释"基本上都属于"法统"型解释,在两岸关系的定位上也都倾向于

---

① 参见"释字第31号解释"的"解释文"。

② 参见叶俊荣:《"宪政"的上升或沉沦:六度"修宪"后的定位和走向》,载《政大法学评论》第69期。

③ 参见李鸿禧:《"中华民国立宪政治"的病理分析——以孙文的五权宪法为中心》,载《台湾"宪法"之纵剖横切》,元照出版社2002年版。

④ 参见周叶中、祝捷:《台湾地区"宪政改革"研究》,香港社会科学出版社有限公司2007年版,第386页。

"统"，这种影响甚至波及今天台湾地区司法机构对两岸关系的法理定位。

二、"法统"的稳固："释字第 85 号解释""释字第 117 号解释"与"释字第 150 号解释"的出台

"释字第 31 号解释"对第一届"立委"和"监委"任职的解释并没有完全解决国民党退台后的"中央民意机构"的问题。因此，在随后的 20 多年里，台湾地区司法机构又陆续做出一些与"中央民意机构"以及"代表"任期有关的"解释"，这些"解释"主要体现为"释字第 85 号解释""释字第 117 号解释"和"释字第 150 号解释"。

"释字第 85 号解释"与"释字第 31 号解释"仅隔 6 年之久，只不过这次解释的不再是第一届"立委"的任期以及次届的选举难题，而是"'国民大会代表'总额"问题。1960 年，"'国民大会'第三次会议行将集会，即需依据'国民大会代表'总额计算集会人数"，对于"国民大会代表"总额的计算标准，"行政院"和"国民大会"产生了疑义，因此声请台湾地区司法机构"释宪"。① "大法官"指出："查'宪法'及'法律'上所称之'国民大会代表'总额在'国民大会'第一次会议及第二次会议时虽均以依法应选出代表之人数为其总额，但自发生重大变故已十余年，一部分代表行动失去自由，不能应召出席会议，其因故出缺者又多无可递补，而'宪法'所设立之机构原期其均能行使职权，若因上述障碍致使'国民大会'不能发挥'宪法'所赋予之功能，实非'制宪者'始料所及。"② 最后考虑到社会现实情况发生了"重大变迁"以及"'宪法'设置'国民大会'之本旨"，"大法官"明确指出，"以依法选出而能应召在'中央'所在地集会之'国民大会代表'人数为'国民大会代表'总额，其能应召集会而未出席会议者，亦应包括在此项总额之内"。③

6 年后，台湾地区司法机构颁布了"释字第 117 号解释"，进一步指出"第一届国民大会代表出缺递补补充条例"第 3 条第 1 款关于"行踪不明三年以上，并于公告期限内未向指定机关亲行声报者"视为因故缺席以及候补人丧失候补资格的规定是为了适应"'中央'迁台后，为适应需要"并不

---

① 参见"释字第 85 号解释"的"解释文"和"解释理由书"。
② "释字第 85 号解释"的"解释理由书"。
③ 参见"释字第 85 号解释"的"解释文"和"解释理由书"。

"违宪"。① 1977 年，同样是关于第一届"立委"任期和补选问题的"释字第 150 号解释"出台，在肯定先前的"释字第 31 号解释"的效力之余，"大法官"声称第一届"立委"在任期届满时既无法改选亦无法补选，况且"'总统'得订颁办法充实'中央民意机构'，不受'宪法'第二十六条、第六十四条及第九十一条之限制"，因此"行政院"有关第一届"立委"的遇缺停止递补的命令与"宪法"并不抵触。②

台湾地区司法机构不断地以"打补丁"的方式对第一届"立委"的任期等问题进行解释，竭力论证被声请解释的台湾地区有关规定的"合宪性"，归根到底是要通过对"中央民意机构"的危机处理来维护国民党当局所谓的"法统"以及在台统治的"正当性"。这 3 个"解释"均于 1987 年台湾戒严解除前做出，为执政当局延续"法统"提供了源源不断的依据，同时创造了"发生重大变故"的表达方式，也为日后"大法官"触及两岸关系定位提供了论证模式和思路。③

由于"释字第 85 号解释""释字第 117 号解释"和"释字第 150 号解释"出台的社会时代不同，3 个"宪法解释"亦存在诸多差异。从解释背景上看，3 个"宪法解释"基本横跨了台湾从"戒严"到"解严"时期，这一时期大陆的发展以及岛内党外势力的兴起不断冲击着台湾执政当局，"法统"危机不断加深；从解释内容来看，3 个"解释"由表（"国大代表"总额问题）及里（补选问题），逐渐深入，在外部形势的压迫下不断触及"立委"任期表面埋伏下的执政"合法性"的问题；从解释功能来看，3 个"大法官解释"对维护国民党当局"法统"的"正当性"均有一定的积极意义，但显然越来越力不从心。可以说，始作俑者的"释字第 31 号解释"的出台决定了台湾地区司法机构必须不断颁布"释字第 85 号解释""释字第 117 号解释""释字第 150 号解释"，甚至更多的"解释"以自圆其说，但也注定了这种维护"法统"的方式终将被取代和解构。

三、"法统"的解构："释字第 261 号解释"拉开"宪政改革"大幕

"释字第 31 号解释""释字第 85 号解释""释字第 117 号解释"和"释

---

① 参见"释字第 117 号解释"的"解释理由书"。

② 参见"释字第 150 号解释"的"解释文"和"解释理由书"。

③ 参见周叶中、祝捷：《台湾地区"宪政改革"研究》，香港社会科学出版社有限公司 2007 年版，第 388 页。

字第 150 号解释"延续了第一届"中央"民意机关作为"法统"象征的幻象，维护了国民党当局在台统治表面上的平静。直至 1990 年，此时第一届"立委"和"监委"任职已有 40 余年，"万年国大"的荒诞局面不仅使当局饱受诟病，众多"立委"和"监委"现实中的年龄和身体状况亦不允许他们再继续任职下去。尽管当局于 20 世纪 60 年代末期已逐次开始举行"中央民意代表"的增补与增额选举，希望借此舒缓当时台湾民众企盼精英直接进入"中央"议事殿堂、扩大政治参与的渴望，但在国民党内各派系的权力争夺、党外势力的冲击以及民众运动的巨大压力下，台湾统治当局正当性仍然面临全面性崩溃的危机。① 在这种情形之下，国民党当局急需一个新的"宪法解释"来彻底化解这个"陈年旧疴"。

　　1990 年初，"立法院"在审查第一届"中央民意代表"退职金预算时，对"释字第 31 号解释"所持第一届"立委""监委"继续行使职权存有异议，因此以陈水扁为首的 26 名"立委"声请台湾地区司法机构对"释字第 31 号解释"、"宪法"第 28 条第 2 项、"动员戡乱时期临时条款"第 6 项第 2 款和第 3 款规定进行解释。② 如何从法理角度对声请人所做声请进行回应并处理好本案与先前做出的相关"宪法解释"的关系，成为"释字第 261 号解释"的核心难题。台湾地区司法机构似乎意识到了这一点，因此在解释技巧上颇为卖力。"大法官"先是在"解释文"中指出"而'本院释字第三十一号解释'、'宪法'第二十八条第二项及'动员戡乱时期临时条款'第六项第二款、第三款，既无使第一届'中央民意代表'无限期继续行使职权或变更其任期之意，亦未限制次届'中央民意代表'之选举"，避免前后解释互相矛盾，然后举出部分地区早已"办理'中央民意代表'之选举"的事实予以说明佐证，最后指出"为适应当前情势"，第一届的"中央民意代表"需按不同情况进行查明解职或终止职权，"适时办理次届'中央民意代表'选举，以确保宪'政体'制之运作"。③

　　"释字第 261 号解释"的出台结束了"万年国大"的闹剧，赋予了台湾人民自主选举"民意代表"的权利，亦给台湾人民提供了通过选举进入权力机关的正当途径。"释字第 261 号解释"在台湾"宪政改革"史上具有指

---

① 参见叶俊荣：《从"转型法院"到"常态法院"——论"大法官释字第二六一号与第四九九号解释"的解释风格与转型脉络》，载《台大法学论丛》第 31 卷第 2 期。

② 参见"释字第 261 号解释"之"声请书"。

③ 参见"释字第 261 号解释"的"解释文"。

标性意义，该"解释"作成一个月后，"国是会议"即在结束第一届"中央民意代表"的基础上达成"修宪"共识，台湾地区"宪政改革"的大幕由此拉开。① 尽管各政党各团体对"释字第261号解释"褒贬不一，但多数均肯定了该"解释"在台湾地区"宪政改革"和民主化过程中的重要作用，② 甚至认为"释字第261号解释""开启一个通道，使原本快要爆炸的民主化能量能够获得第一个正式导入'国会'的出口"。③

此外，"释字第261号解释"对两岸关系的发展影响重大。该号"解释"中并未明确体现出台湾地区司法机构对两岸关系定位的态度，但从"大法官"支持"在'自由地区'适时办理含有不分区名额之次届'中央民意代表'选举，以确保'宪政'体制之运作"的言论中隐约可窥探出台湾地区司法机构对两岸关系立场的摇摆不定，"大法官"至少在潜意识中已经将"自由地区"等同于"全国"。④ "释字第261号解释"彻底打破了"释字第31号解释""释字第85号解释""释字第117号解释"和"释字第150号解释"确立的借助第一届"中央"民意机关的延续来维护当局"法统"的司法惯例。在并未否定先例的基础上，"释字第261号解释"通过"'中央'已在'自由地区'办理'中央民意代表'之选举"的事实和"'宪法'之精神"为办理次届选举的"正当性"背书，从而成功扭转了"释字第31号解释"中台湾地区司法机构更倾向于"统"的两岸立场。

同样是针对第一届"立委"和"监委"任期的"解释"，台湾地区司法机构从"释字第31号解释"到"释字第261号解释"做出了不同的解读和论证。由此可见，台湾地区司法机构对所谓"法统"的政治态度和两岸态度并非一成不变的，而是随着岛内政治局势的变动和两岸关系的发展不断调整。如果将"释字第31号解释""释字第85号解释""释字第150号解释"以及"释字第261号解释"连续起来观察，不难发现其中"法与时转"的规律。⑤

---

① 参见周叶中、祝捷：《台湾地区"宪政改革"研究》，香港社会科学出版社有限公司2007年版，第24、27页。

② 参见杨兴龄：《"大法官第二六一号解释"与"我国宪政"发展——"万年国会"的形成与终结》，载《宪政时代》第23卷第3期，1998年。

③ 颜厥安：《规则、理性与法治》，载颜厥安：《宪邦异式——宪政法理学论文集》，元照出版公司2005年版。

④ 参见周叶中、祝捷：《台湾地区"宪政改革"研究》，香港社会科学出版社有限公司2007年版，第26、389页。

⑤ 参见苏永钦：《结果取向的"宪法解释"》，载苏永钦：《"合宪性"控制的理论与实践》，月旦出版社股份有限公司1994年版。

1991 年 5 月 1 日，台湾当局终止所谓"动员戡乱时期"，加之"释字第 261 号解释"出台后不久，台湾地区即开启了"宪政改革"之路，政治民主化转型不断加快，台湾当局的代表性亦得到不断强化，[①] 在民进党等兴起的党外势力的冲击下，"法统"问题之争的重要性不断下降。因此，自 1990 年后，"法统"型解释逐渐退出了历史舞台。

第二节　制度型解释

20 世纪 90 年代初期，以"释字第 261 号解释"为标志，台湾地区逐渐走上了"宪政改革"之路。在随后的 20 多年里，"国民大会"逐步通过 7 个"宪法增修条文"进行了以调整台湾地区政治权力配置为重心的 7 次"宪政改革"，针对岛内政治制度运行过程中出现的"总统制"与"内阁制""国民大会"的存废、地方自治团体的权力配置以及台湾地区司法机构的权力配置等难题进行了多次调整。[②] 相应的，这一阶段的台湾地区司法机构亦出台了多个相关的"解释"为"宪政改革"背书，帮助解决台湾地区政治制度运行过程中出现诸如两岸关系的定位、"精省"后省的地位等制度难题，这类"宪法解释"可视为制度型解释。台湾地区司法机构出台的制度型解释主要有"释字第 328 号解释""释字第 329 号解释""释字第 467 号解释"和"释字第 481 号解释"。本节主要通过分析"释字第 328 号解释"和"释字第 329 号解释"来厘清当时台湾地区司法机构对于两岸关系的立场和态度。

一、"政治问题"原则的适用：以"释字第 328 号解释"为代表

1993 年，台湾地区"立法院"在对该年度台湾当局总预算的审查时对"领土"范围的理解产生了争议。以陈婉真为首的 18 位"立法委员"认为，"领土"范围仅及于台湾、澎湖、金门、马祖、绿岛、兰屿等其他附属岛

---

① 参见叶俊荣：《超越转型》，载李鸿禧等著：《台湾"宪法"之纵剖横切》，元照出版公司 2002 年版。

② 参见周叶中、祝捷：《台湾地区"宪政改革"研究》，香港社会科学出版社有限公司 2007 年版，第 55—61 页。

屿，而不及于大陆地区以及蒙古共和国，并要求据此对相关行政机构进行调整。① 鉴于之前"立法院"在审查工作中对"领土"即存在诸多争议，以陈婉真为首的 18 位"立法委员"声请台湾地区司法机构对台湾地区现行"宪法"第 4 条规定的"固有疆域"问题做出解释。

较之于先前的声请，此次声请可谓是真正地直接触及了台湾地区司法机构如何对两岸关系进行定位的问题。台湾地区司法机构于 1993 年 11 月颁布了"释字第 328 号解释"，指出"'宪法'第四条不采列举方式，而为依其'固有之疆域'之概括规定，并设'领土'变更之程序，以为限制，有其政治上及历史上之理由"，并声称"'固有疆域'范围之界定，为重大之政治问题，不应由行使司法权之'释宪'机关予以解释"。台湾地区司法机构以声请问题是"重大之政治问题"为由，毫不客气地将该声请回避掉了，从而成为适用"政治问题原则"的典型代表。"政治问题原则"系美国司法实践中的产物，该原则以权力分立原则为基础，主张某些本质上具有政治性的宪法案件，亦即宪法或法律规定交由行政部门处理的问题，不得由司法机关加以裁判或解释。②

"释字第 328 号解释"的出台与 20 世纪 90 年代初期台湾地区的政治环境息息相关。实质上，不管是先前颁布的在发生重大变故时决定延长第一届"中央民意代表"的任期的"释字第 31 号解释"，还是解决国民党统治集团退据台湾后"中央民意代表"的总额计算问题，抑或是宣布开始进行次届"中央民意代表"选举的"释字第 261 号解释"，这些"解释"都与政治问题有着或多或少的联系，台湾地区司法机构也都毫无顾忌地对其予以解释。然而，台湾地区司法机构似乎一向不在意"政治问题"的判断标准，③ 在"释字第 328 号解释"中，"大法官"突然使用了"重大之政治问题"不审查的拒绝方法，这除了与"释字第 328 号解释"所涉及的"领土范围"的高度政治敏感性有关，恐怕也是台湾地区司法机构应对当时的政治局势和社会环境的无奈之举。"释字第 328 号解释"颁布之时，台湾地区"宪政改革"刚刚起步，统"独"议题仍然是核心难题和主要矛盾之一，在两岸关系的问题上，不

---

① 参见"释字第 328 号解释"之"声请书"。

② 参见廖元豪：《从政治问题理论论两岸关系"宪法"定位之司法性》，载《政大法学评论》第 81 期。

③ 参见廖国宏：《论"政治问题"大法官不予审理原则》，台湾大学三民主义研究所硕士论文 1999 年，第 29—32 页。

仅国民党和民进党对此存在着激烈的争论，国民党内部亦难以形成共识。①在政治共识难以达成之时，台湾地区司法机构以"宪法解释"的形式对这一问题进行发声既不合适亦不明智。因此，寻求一个正当且合乎法理的理由回避审查成为台湾地区司法机构的最佳选择。

与20世纪90年代之前出台的大多数"法统"型解释明显体现出台湾地区司法机构倾向于"统"的两岸立场不同的是，"释字第328号解释"中台湾地区司法机构直接将核心问题回避，外界很难看出台湾地区司法机构对"领土"的认知以及背后掩藏的对两岸关系的政治立场。可以说，从两岸关系的发展角度来看，"释字第328号解释"本身的意义尚不及该号"解释"所创设的"重大之政治问题"不审查的解释方法。②显然，这一回避的解释技巧虽可以应急，但并不能成为台湾地区司法机构的常态，很快，在一个月之后出台的"释字第329号解释"中，台湾地区司法机构又开始对两岸关系表露政治态度和立场。

二、两岸协议的定性："释字第329号解释"与"汪辜会谈"四项协议

1993年4月27日至29日，海峡两岸关系协会（以下简称"海协会"）会长汪道涵与台湾陆委会授权的财团法人海峡交流基金会（以下简称"海基会"）董事长辜振甫在新加坡进行会谈，并签署了"汪辜会谈共同协议""两会联系与会谈制度协议""两岸公证书使用查证协议"及"两岸挂号函件查询、补偿事宜协议"等四项协议（以下简称"'汪辜会谈'四项协议"）。签署后，"立法院"部分"立法委员"要求台湾陆委会必须将上述四项协议送"立法院"审议，再度引发长期存在于"立法院"与"行政院"之间有关"条约"审议权的争议。③因此，以陈建平为首的84人"立法委员"声请台湾地区司法机构对台湾地区现行"宪法"中"条约"的范围予以解释。

当年12月24日，台湾地区司法机构颁布了"释字第329号解释"。针

---

① 参见周叶中、祝捷：《台湾地区"宪政改革"研究》，香港社会科学出版社有限公司2007年版，第391页。

② 参见李念祖：《美国宪法上"政治问题"理论与释字第三二八号解释》，载《律师通讯》第177期。

③ 参见"释字第329号解释"之"声请书"。

对声请人声请解释的事项，台湾地区司法机构指出，"宪法"所称的"条约"是指"与其他国家或国际组织所缔约之'国际书面协定'，包括用条约或公约之名称，或用协定等名称而其内容直接涉及重要事项或人民之权利义务且具有'法律'上效力者"，并对"立法院"的审议范围进行了说明。尔后，多数"大法官"在"理由书"中进一步解释到："台湾地区与大陆间订定之协议，因非本'解释'所称之'国际书面协定'，应否送请'立法院'审议，不在本件'解释'之范围，并此说明。"显然，台湾地区司法机构认为"汪辜会谈"四项协议并不属于"国际书面协定"。

台湾地区司法机构虽然最后并未解决"汪辜会谈"四项协议到底是否应该送请"立法院"审议的难题，导致关于两岸协议的审议实践一直处于不断的争论之中，[1] 但其明确地将"汪辜会谈"四项协议排除于国际书面协定的范围外，意味着台湾地区司法机构否认大陆和台湾地区属于两个"国家"的政治立场。也就是说，尽管岛内各党派、各政治团体对两岸关系仍存在激烈的纷争，但当时的台湾地区司法机构认为大陆和台湾地区属于一个国家，因而两者签订的协议当然不属于国际书面协议的范畴。对"九二共识"以及一个中国原则的维护是"释字第 329 号解释"在两岸关系方面的最大的积极意义。

仔细探究"释字第 328 号解释"与"释字第 329 号解释"会发现，尽管两个"解释"作成相隔不到一个月，两者却反映了台湾地区司法机构对两岸关系态度的不同。在"释字第 328 号解释"中，台湾地区司法机构直接以声请问题为"重大之政治问题"不审查将该声请回避掉，态度坚决地毫不拖泥带水，唯恐台湾地区司法机构与两岸关系沾上某种联系；而在"释字第 329 号解释"中，台湾地区司法机构最后虽对"汪辜会谈"四项协议到底是否应该送请"立法院"审议的问题予以回避，但是"理由书"中却间接表露了支持大陆和台湾地区同属于一个国家的政治立场，在两岸关系上表现得比"释字第 328 号解释"要积极不少。[2] 此外，相对于"释字第 328 号解释"中众多"大法官"观点出奇的一致性，"释字第 329 号解释"给少数"大法官"表示诸如声请问题不宜解释、不必解释、程

---

① 参见台湾地区"行政院研究发展考核委员会"编印："两岸协议推动过程行政与立法机关权限及角色之研究"，2012 年。

② 参见曾建元：《两岸事务与司法控制——"司法院大法官议决释字第三二九号解释"评释》，载《法令月刊》50 卷第 2 期，1999 年 2 月。

序不"合法"或部分解释"违宪"的异议提供了充足的空间,① 亦显示了台湾地区司法机构在做出两岸关系方面的"宪法解释"时态度更为主动和开放。

此外，出台于 1998 年的"释字第 467 号解释"和 1999 年的"释字第 481 号解释"也是较为典型的制度型解释，这两个"解释"主要是为了解决台湾地区"精省"运动中"台湾省"和"福建省"的地位问题。"释字第 467 号解释"大大缩减了"台湾省"的公法人地位，而"释字第 481 号解释"中指出"福建省"为"辖区不完整之省"，其言下之意认为另一部分"辖区"在大陆地区，在两岸定位上仍然坚持了"统一"态度。②

整体来看，台湾地区司法机构出台的一系列制度型解释，除了少数对两岸关系予以回避外，大部分"解释"都能顺应当时的政治局势对两岸定位予以较为积极的回应。由于制度型解释的做出是源于解决台湾地区"宪政改革"过程中产生的制度难题，而台湾地区的政治制度在 7 次"宪政改革"中亦处于不断变动之中,③ 因此，仅从"释字第 328 号解释""释字第 329 号解释"以及后来的"释字第 467 号解释"和"释字第 481 号解释"中得出台湾地区司法机构在制度型解释中对两岸的定位倾向于"统一"的结论尚为时过早。

第三节 权利型解释

随着台湾地区民主进程的加快和对人权的不断重视，保障"法律"赋予民众的合法权利的正当行使和不受侵害成为台湾地区司法机构日益凸显的功能之一。台湾地区现行"宪法"及其"增修条文"对人民基本权利的规定具有高度抽象性和概括性，这导致其在实际适用中存在不少困难，因此，对有关民众权利的条文进行进一步的解释的重任自然落到了台湾地区司法机构身上。台湾地区司法机构通过"释宪"机制围绕台湾地区人民权利发布

---

① 参见"释字第 329 号解释"中"大法官"张特生、杨与龄、李志鹏和李钟声的"相关意见书""不同意见书"。

② 参见周叶中、祝捷：《台湾地区"宪政改革"研究》，香港社会科学出版社有限公司 2007 年版，第 393 页。

③ 参见李仁淼：《自制宪权之观点思考"我国宪政改革"之问题点》，载《月旦法学杂志》第 144 期，2014 年 10 月。

的"宪法解释"统称为权利型解释,其中不少涉及两岸关系的定位,诸如"释字第 242 号解释""释字第 265 号解释""释字第 475 号解释""释字第 479 号解释""释字第 497 号解释""释字第 558 号解释"和"释字第 618 号解释"等。本节重点分析"释字第 242 号解释""释字第 479 号解释""释字第 618 号解释"和"释字第 710 号解释"4 个"解释",并探究其中台湾地区司法机构对两岸定位的态度。

一、两岸分离引发的民法尴尬:"释字第 242 号解释"与"重婚"问题

1949 年国民党退台后,大陆和台湾地区曾一度处于完全隔绝的状态,不少随国民党入台的已婚人士因配偶滞留于大陆,在两岸交流音讯全无的情况下在台湾地区已另行嫁娶,造成了台湾地区普遍的"重婚"现象。然而,随着 1987 年两岸开放探亲,曾经隐藏的"重婚"问题开始爆发。1989 年,台湾民众邓元贞因入台后的婚姻被台湾地区"最高法院"以违反"民法典"上的"重婚"规定判决撤销向台湾地区司法机构提出声请,[①] 台湾地区司法机构据此作成了"释字第 242 号解释"予以回应。台湾地区司法机构在肯定"民法典"中有关禁止重婚以及重婚可撤销的规定的"合宪性"后指出,现在社会上出现的大量重婚案件乃是"遭遇重大变故,在夫妻隔离,相聚无期之情况下所发生之重婚事件,与一般重婚事件究有不同",因此当然不能适用"民法典"中关于重婚的相关规定,否则"严重影响其家庭生活及人伦关系,反足妨害社会秩序",亦不符合"'宪法'第二十二条保障人民自由及权利之规定"。[②] 也就是说,在"释字第 242 号解释"中,"大法官"并未质疑"民法典"关于重婚规定的"合宪性",只是指出其不适用于因两岸隔离而造成的重婚案件。

"释字第 242 号解释"作为一个保障民众婚姻自由权的权利型"宪法解释",因其背景的特殊性,因而不可避免地会涉及对两岸关系的定位。该"解释"中比较敏感的除了"遭遇重大变故"之外,还有"夫妻隔离,相聚无期"的表述。"遭遇重大变故"显然是台湾地区司法机构站在"中华民国"的视角对国民党内战后退据台湾政治事件的总括,其立场虽有失偏颇,

---

① 参见"释字第 242 号解释"之"声请书"。
② 参见"释字第 242 号解释"的"解释文"。

但体现了台湾地区司法机构此时仍能坚持大陆和台湾地区均属于"中华民国"的政治立场。而"夫妻隔离，相聚无期"的表述则相对中立，以夫妻相聚的"无期"来暗示统一"不确定期限"的政治意向。① 另外，从台湾地区司法机构最终承认赴台已婚人士在台婚姻的合理性与相当程度的"合法性"的解释结果中不难看出台湾地区司法机构对两岸统一信心的渺茫与绝望。换句话说，此时台湾地区司法机构流露出的对两岸关系倾向于"统"的立场很可能只是流于表面和形式意义的。

二、基本权利掩映下的两岸关系："释字第 479 号解释"与民间团体的更名

1999 年，设立于 1971 年的民间团体"中国比较法学会"决议更名为"台湾法学会"，其负责人在报"内政部"核准时被以"名称应冠以'中国'或'中华民国'或'中华'之行政区域名称"、该更名易与台湾省级之人民团体相混淆为由拒绝批准，该负责人在诉愿、再诉愿和行政诉讼均失败后声请台湾地区司法机构"释宪"。② 台湾地区司法机构"大法官"从"宪法"的高度充分肯定了人民的结社自由以及在有关规定范围内自主选择团体名称的基本权利，然后指出行政机关在行使有关规定的过程中订立的命令不能逾越该有关规定的限度的基本原则，最后依据该原则得出"内政部"拒绝声请人所依据的"社会团体许可立案作业规定"第 4 点关于人民团体应冠以所属行政区域名称之规定因侵害人民依台湾地区现行"宪法"应享之结社自由而无效。③

根据"释字第 479 号解释"，"中国比较法学会"有权更名为"台湾法学会"，同时也意味着岛内其他以"中国"或"中华民国"或"中华"冠名的社会团体也可以顺利完成名称的更改。须知 1987 年台湾地区"解严"之后，台湾的社会政治变革中所谓的"台湾主体意识"就不断膨胀，"台独"分子趁机将这种"主体意识"有意导向"台独意识"，意欲改变台湾人民的政治认同和历史认同感，尤其是 20 世纪 90 年代以来，各种以"台湾"冠名的社会团体如雨后春笋般冒出，与以"中国"冠名的学会相

---

① 参见黄明瑞：《从二则"反攻大陆"判例的作成与废止论民法上的政治解释》，载《台大法学论丛》第 34 卷第 4 期，2005 年。

② 参见"释字第 479 号解释"之"声请书"。

③ 参见"释字第 479 号解释"的"解释文"。

抗衡。① 李登辉执政后，放弃一个中国原则，开始抛售"两国论"，政治上追求"中华民国在台湾"的定位，进行"废省"和"修宪"，经济上抛出"戒急用忍"的限制措施，文化上推行"去中国化"，全面实行分离主义的大陆政策。② 在这种政治局势和社会环境下，台湾地区司法机构出台"释字第 479 号解释"支持社会团体由"中国"到"台湾"的更名，无异于是向执政当局示好，助长"台独"分子的气势。

不管是"释字第 479 号解释"的"解释文"还是"理由书"，抑或是"不同意见书"中，台湾地区司法机构均未对两岸关系予以直接的表态。整个"解释"中，"大法官"都在从台湾地区现行"宪法"以及有关规定的高度和人民基本权利的角度对社会团体更名的"合法性"予以论证，并未直接涉及两岸定位，只是在确认社会团体更名的"合法性"时不经意地流露出与台湾当局"去中国化"政策暗合的政治倾向。如果说"释字第 242 号解释"中台湾地区司法机构尚能维持表面的"统"的态度的话，在"释字第 479 号解释"中台湾地区司法机构已然打着"保障人民基本权利"的幌子向政治当局的"台独"势力做出了一定妥协，在两岸关系上实现了由统到"独"的立场转变。

三、平等原则下的区别对待："释字第 618 号解释"与限制大陆人民担任公职

1996 年，一名大陆居民因与台湾地区人民结婚获准定居台北县，5 年后，此人成功考取了台北市某小学的公职人员一职，实务训练期满后取得委任第一职等任用资格，2002 年，台北市政府人事处却以"北市人壹字第〇九一三〇一〇〇七〇〇号函"中关于禁止在台设籍未满 10 年的大陆地区人民担任军公教或公营事业机关（构）人员的规定为由，责令其离职。③ 此人以自己的公职权等基本权利受损为由提起诉愿被台北市政府驳回后，遂向台北高等行政法院提起行政诉讼，而台北高等行政法院在审理此案时，认为台北市政府人事所依据的有关规定有"违宪"之嫌，声请台湾地区司法机构

---

① 参见李理：《"去中国化"的台湾中学历史教科书编纂》，载《台湾研究集刊》2008 年第 2 期。

② 参见张文生：《李登辉分裂主义路线的社会与政治根源》，载《台湾研究》2010 年第 4 期。

③ 参见"释字第 618 号解释"之"声请书"。

进行"释宪"。① 台湾地区司法机构遂于 2006 年作成了关于限制大陆居民进入台湾地区的基本权利的"释字第 618 号解释"。

"大法官"在"释字第 618 号解释"中首先肯定了平等原则，旋即指出这种平等，是实质上的平等，"立法机关基于'宪法'之价值体系，自得斟酌规范事物性质之差异而为合理之区别对待"，只要这种区别对待符合"宪法"所规定的比例原则；在铺陈好理论叙述后，"大法官"言称"两岸人民关系条例"中关于大陆人民经许可进入台湾地区关于担任公务人员的规定，因事关忠诚义务，"不仅应当遵守法令，更应积极考量整体利益"；而目前"两岸目前仍处于分离之状态，且政治、经济与社会等体制具有重大之本质差异"，"为确保台湾地区安全、民众福祉暨维护自由民主之'宪政'秩序"，"两岸人民关系条例"中关于大陆人民经许可进入台湾地区关于担任公务人员的特别规定，自然是合理的，亦是合法的。② 台湾地区司法机构通过平等原则、比例原则和两岸分离的现实论证了对大陆和台湾地区人民区别对待的"合法性"与合理性。该"解释"所体现的差别对待的精神并非首创，在先前的"解释"中多有体现。③

"释字第 618 号解释"因其声请解释的内容即是大陆地区人民进入台湾地区担任公务人员的相关规定是否"合宪"，因此该"解释"必然会隐蔽地涉及两岸关系的定位。"解释"中不断出现诸如"国家统一前""大陆地区""台湾地区"等具有政治象征意义的表述，显示了台湾地区司法机构仍承认大陆和台湾地区同属一个中国的"统"的态度。然而，台湾地区司法机构认为目前两岸处于"分治与对立之状态"，"且政治、经济与社会等体制具有重大之本质差异"，并借此对大陆和台湾地区人民区别对待，与先前出台的"释字第 242 号解释"以"遭遇重大变故"和"夫妻隔离，相聚无期"为由承认大陆入台人士"重婚"的"合法性"的"解释"如出一辙。台湾地区司法机构虽并尚未背弃一个中国原则，但其对进入台湾地区的大陆居民的基本权利予以限制的具体做法显示了其立场的摇摆不定。

---

① 参见"释字第 618 号解释"之"声请书"。

② 参见"释字第 618 号解释"的"解释文"。

③ 参见"释字第 479 号解释""释字第 558 号解释"等。参见陈长文、林超骏：《论人民"返国"入境权力之应然及其与平等权、"国籍"等问题之关系》，载《政大法学评论》第 92 期，2006年。

四、区别对待下的两岸关系："释字第 710 号解释" 与限制大陆人民入台

"释字第 710 号解释"系因强制大陆人民出境并对其予以收容而起。2003 年，大陆一居民与台湾地区人民结婚后依亲居留名义数次申请来台并获准入境；2007 年 9 月 17 日，台湾地区"内政部"负责出入境事务的某"专勤队"与该居民面谈后以其与依亲对象的说辞有重大瑕疵为由，强制其出境，并在未赋予其申辩机会的情形下将其收容。① 该大陆居民以该"专勤队"所做出的强制出境及收容之处分"违法"为由提起赔偿诉讼，被台湾高等法院高雄分院驳回。② 2010 年 10 月 22 日，此人以台湾高等法院高雄分院的判决依据"两岸人民关系条例"等 4 部"法律"的相关规定"违宪"为由声请台湾地区司法机构进行"宪法解释"。

"大法官"在"释字第 710 号解释"中洋洋洒洒，主要论证了声请人所声请的 4 部"法律"是否"违宪"。"大法官"先是以"两岸人民关系条例"第 18 条第 1、2 项违反"正当法律程序原则"和"法律明确性原则"、不符合"宪法"保障民众人身自由和迁徙自由的意旨为由宣布其"违宪"部分无效；然后，"大法官"指出"台湾地区与大陆地区人民关系条例施行细则"的第 15 条、"大陆地区人民申请进入台湾地区面谈管理办法"第 10 条第 3 款和第 11 条规定因在"两岸人民关系条例"第 18 条第 1 项规定的范围内，符合"法律保留原则"，是"合宪"的；最后，"大法官"论证了"大陆地区人民及香港澳门居民强制出境处理办法"第 5 条未经有关规定明确授权，违反"法律保留原则"，宣布第 5 条无效。③

如何看待大陆人民的地位，是否对大陆人民出入台湾地区甚至担任公职进行限制，不仅涉及人权的保障，④ 在政治层面亦可以彰显台湾地区司法机构的两岸态度。然而，在"释字第 710 号解释"中，台湾地区司法机构对两岸关系的态度极为隐蔽。"释字第 710 号解释"多数意见"解释文"和"理由书"中几乎全文充斥着"正当法律程序原则""迁徙自由""法律明

① 参见"释字第 710 号解释"之"声请书"。
② 参见"释字第 710 号解释"之"声请书"。
③ 参见"释字第 710 号解释"的"解释文"和"理由书"。
④ 参见李震山：《多元、宽容与人权保障——以宪法未列举权之保障为中心》，元照出版公司 2005 年版，第 3—10 页。

确性原则"和"法律保留原则"等概念，附有政治色彩的表述除了少数的"大陆地区"和"台湾地区"外基本未曾出现。台湾地区司法机构将其对两岸关系的立场深深掩藏于高超的论证和专业的表达之中。就多数意见来看，"大法官"认为只要在有关规定明确授权的范围内、符合"正当法律程序原则"和比例原则，强制大陆人民出境或者暂予收容就不构成"违宪"。也就是说，多数"大法官"支持对大陆和台湾地区人民区别对待，甚至不惜以牺牲大陆人民的人身自由权来保障所谓的社会秩序，台湾地区司法机构要求对两岸人民区别对待的呼声已然掩盖住了曾经坚持的"统"的立场。此外，"释字第 710 号解释"中还附有多份"（部分）协同意见书"和"（部分）不同意见书"，持少数意见的"大法官"在文中毫不吝啬笔墨地各抒己见，亦显示了台湾地区司法机构在两岸关系上态度的逐渐松弛。

　　总体来看，这些围绕台湾地区人民权利与大陆赴台人员权利展开的权利型解释大多因其事件发生的背景和权利主体的特殊性而与两岸关系发生了千丝万缕的联系，其中不少属于因两岸分离遗留的政治性难题。① 台湾地区司法机构在做出权利型解释时总是尽力避开其政治属性，将其当成一个专业的法律问题予以解读。与"法统"型解释和制度型解释不同的是，台湾地区司法机构在权利型解释中的两岸态度表现得更为隐蔽。

第四节　台湾地区司法机构涉两岸关系解释趋势

　　在先后的 60 多年里，台湾地区司法机构已作成 20 个涉及两岸关系的"宪法解释"。② 在完成对三种不同类型的"宪法解释"的横向比较后，如果从解释时间的纵向角度分析，不难发现台湾地区司法机构在解释态度、技巧和方法等方面上存在一些规律，这些规律甚至形成台湾地区司法机构涉两岸关系解释的主流发展方向。本节将主要从立场和态度、论证模式和解释方法三个方面分析和归纳台湾地区司法机构涉两岸关系解释趋势。

---

　　① 参见苏永钦：《"大法官"解释"政府"体制的方法》，载《公法学与政治理论——吴庚"大法官"荣退论文集》，元照出版公司 2004 年。

　　② 该数据系作者依据台湾"法源法律网"：http：//db. lawbank. com. tw/FINT/FINTQRY02. aspx 统计而来，最后访问日期：2016 年 3 月 8 日。

一、台湾地区司法机构的立场和态度：由鲜明至隐蔽、从明朗到暧昧

从 1954 年台湾地区司法机构做出的第一个与两岸关系密切相关的"释字第 31 号解释"，到近几年出台的"释字第 710 号解释"，其中一个非常明显的趋势是台湾地区司法机构对两岸关系的立场变得更加隐蔽，其态度也愈加暧昧。

在延续国民政府"法统"的"释字第 31 号解释"中，台湾地区司法机构的两岸立场非常鲜明，即使引发广受诟病的"万年国大"的局面也要坚持"一个中国"的前提。这种明确而坚定的立场一直影响了后来的"释字第 85 号解释""释字第 117 号解释"和"释字第 150 号解释"。直至 1990 年，台湾地区司法机构的态度发生了第一次重大转变。在"释字第 261 号解释"中，台湾地区司法机构终止了第一届"中央民意代表"的任期，宣布在台湾地区适时办理"含有不分区名额之次届'中央民意代表'选举"，甚至不惜牺牲"法统"的稳固，[1] 逐渐放弃了先前明确而坚定的"统"的立场。在接下来的制度型解释中，台湾地区司法机构要么直接以"政治问题不审查"为由拒绝与两岸相关的"领土"范围的声请（"释字第 328 号解释"），要么以间接方式否认两岸属于"国与国"的关系（"释字第 329 号解释"），要么通过缩减省的公法人地位来推动"中华民国台湾化"[2]（"释字第 467 号解释"和"释字第 481 号解释"）。此时，台湾地区司法机构所坚持"统"的立场已然开始流于形式，其态度也开始逐渐模糊。

20 世纪 90 年代末期，随着权利型解释的不断增多，台湾地区司法机构的两岸立场逐渐淹没于法律专业化的解释论证之中，这成为台湾地区司法机构两岸立场第二次重大转变。在"释字第 242 号解释""释字第 479 号解释""释字第 618 号解释"和"释字第 710 号解释"等权利型解释中，显现鲜明的两岸立场的表述几乎绝迹，取而代之的是专业化的、技巧性的和中立的"解释"。此外，台湾地区司法机构对两岸关系的态度也开始暧昧，在不少"解释"中，台湾地区司法机构可以一边言称"台湾地区"和"大陆地

---

① 参见苏永钦：《"大法官"解释"政府"体制的方法》，载《公法学与政治理论——吴庚"大法官"荣退论文集》，元照出版公司 2004 年。

② 参见叶俊荣：《"宪法"的上升与沉沦：六度"修宪"后的定位与走向》载《政大法学评论》第 69 期，2002 年。

区"，似乎仍在坚持"一个中国"，但同时又可以做出对两岸人民区别对待的"解释结果"。①

台湾地区司法机构在做出涉两岸关系的"宪法解释"时，其立场和态度在很大程度上受制于"法律"和政治之间若即若离的天然关系。尽管台湾地区司法机构是一个独立的司法机关，但作为社会中的人，"大法官"并非生活在政治真空中，其意见多少会被政治形势乃至执政当局的政策所影响。台湾地区司法机构在两岸关系上的立场和态度逐渐隐蔽和暧昧，一方面显示了"大法官"在做出"解释"时专业性的提升，但另一方面亦意味着未来台湾地区司法机构对两岸的立场和态度很可能将通过这种隐性方式做出并产生效力。

二、论证模式的变更：由简单论证趋向于"法律"推理

台湾地区司法机构在做出涉两岸关系的"宪法解释"时，逐渐放弃使用一些"简单粗暴"的论证模式和高度抽象概括的"法律原则"，着力于严密的"法律"推理和理论构建，回归"法律"本身，借此不断提高解释的说服力，这成为台湾地区司法机构涉两岸关系解释的另一大趋势。

在国民党统治集团退台早期，台湾地区司法机构多通过极为简单的推理和论证来得出解释结论。② 诸如在"释字第 31 号解释"中，台湾地区司法机构几乎是仅凭"唯值发生重大变故"的简单论证赋予了第一届"中央民意代表"继续行使职权的"合法性"与"正当性"；又如在"释字第 85 号解释"，"大法官"又通过"自发生重大变故已十余年"等充满政治意味的话语得出了以能在台湾地区应召集会的代表总人数为代表总额结论。直至20 世纪后期，这种状况得到了明显的改善。比如在"释字第 329 号解释"中，"大法官"即开始构建了关于"条约"的简单理论，对"条约"内涵以及送审立法机关的标准予以说明，然后以两岸协议不属于"条约"范围予以排除。在后来的一系列权利型解释中，"大法官"开始回归于"法律"本身，并不惜笔墨地引用"法律原则""法律条文"进行推理和论证。较为典型的比如"释字第 479 号解释"，该"解释"中"大法官"充分肯定结社

---

① 参见李仁森：《自制宪权之观点思考"我国宪政改革"之问题点》，载《月旦法学杂志》第 144 期，2014 年 10 月。

② 参见许宗力：《两岸关系法律定位百年来的演变与最新发展——台湾的角度出发》，载《月旦法学杂志》第 12 期，1996 年 4 月。

自由等基本权利，然后指出行政命令不能逾越其限度的基本原则，最后依此得出系争之有关规定因"违宪"而无效。又如在"释字第 618 号解释"中，"大法官"花费了大量笔墨了引用平等原则和比例原则，并通过平等原则、比例原则和两岸分离的现实论证了对大陆和台湾地区人民区别对待的"合法性"与合理性。再如，在"释字第 710 号解释"中，"大法官"搬出迁徙自由、人身自由、"正当法律程序原则"、"法律明确性原则"和"法律保留原则"等概念来论证系争之有关规定的"合宪性"。此时，台湾地区司法机构即使在"解释"中适用"法律原则"，也会尽量选取那些传统的、权威的、更具有说服力的概念，而不是自己创设的一些充满政治意味的诸如"发生重大变故"的论证模式。

台湾地区司法机构逐渐重视"法律推理"的作用与台湾地区法治发展进程的不断加快和"大法官"专业水准的不断提升是密不可分的。同时必须引起注意的是，"大法官"深厚的法律功底和"释宪"经验在完善"宪法"解释理论学科体系外，也可能会被"台独"分子打着中立的旗号和"法律"的盾牌利用去做出一些具有高度隐蔽性和高度危险性的"宪法解释"。①

三、解释方法的趋向：规范化、多样化和模式化

作为法学方法论的始祖，萨维尼认为制定法的解释的独特性在于其组成部分，即语法、逻辑、历史和体系，并据此归纳出文义、论理、历史、体系4 种传统的宪法解释的主流方法。② 由于台湾地区司法机构的多数"大法官"均有留学德、日、美的背景，因此流行于这些国家和地区的诸如"政治问题不审查"、结果取向解释、"宪法解释宪法"新兴宪法解释方法，对于"大法官"的"释宪"实务影响颇深。③ 新型解释方法的兴起给台湾地区司法机构涉两岸关系解释注入了新的活力，也促使近年来涉两岸关系解释中所使用的解释方法逐渐规范化、多样化和模式化。

在台湾地区司法机构早期做出的一系列"法统"型解释中，文义解释、

---

① 参见周叶中、祝捷：《台湾地区"宪政改革"研究》，香港社会科学出版社有限公司 2007年版，第 378 页。

② 参见朱虎：《萨维尼的法学方法论评述》，载《环球法律评论》2010 年第 1 期。

③ 参见周叶中、祝捷：《我国台湾地区"司法院大法官解释"两岸关系的方法》，载《现代法学》2008 年第 1 期。

论理解释、历史解释和体系解释几乎俯拾皆是，传统的解释方法成为主流。诸如"释字第 31 号解释"的全部内容只有"解释文"，然而寥寥数句的"解释文"却同时使用了文义解释、论理解释、历史解释和体系解释。同样，这些传统而基础的解释方法亦成就了"释字第 85 号解释""释字第 117 号解释""释字第 150 号解释"和"释字第 261 号解释"等早期的一大批"宪法解释"。1993 年的"释字第 328 号解释"正式使用了"政治问题不审查"的新型解释方法，以声请问题是政治问题为由拒绝做出相关"解释"，为台湾地区司法机构回避解释政治敏感问题打开了一道缺口。"释字第 475 号解释"是关于清偿国民党统治集团退台前在大陆发行的"国库债券"的"解释"，该"解释"除了适用了"发生重大变故"的论证模式，亦提及"目前由当局立即清偿，势必造成台湾地区人民税负之沉重负担，显违公平原则"，是使用结果取向解释的典型例子。在 20 世纪末期出现的一系列权利型解释中，"大法官"对新型解释方法的运用更加得心应手，诸如"释字第 242 号解释"即使用了结果取向解释（"对于此种有长期实际共同生活事实之后婚姻关系，仍得适用上开第 993 条之规定予以撤销，严重影响其家庭生活及人伦关系，反足妨害社会秩序"），"释字第 479 号解释"体现了"宪法解释宪法"（"侵害人民依'宪法'应享之结社自由"）、"释字第 618 号解释"隐性地使用了结果取向解释（"不仅应遵守法令，更应积极考量整体利益，采取一切有利的行为与决策"）和"宪法解释宪法"（"故对其担任公务人员之资格与其他台湾地区人民予以区别对待，亦属合理，与'宪法'第 7 条之平等原则及'宪法增修条文'第 11 条之意旨尚无违背"）。随着台湾地区司法机构"释宪"水准的不断提高，"大法官"对于解释方法的选择逐渐走上规范化的道路，同时，传统和新型解释方法的并重增强了解释的说服力，"大法官"对于解释方法的应用也似乎逐渐形成了一套看不见的准则。

解释方法的规范化、多样化和模式化是台湾地区司法机构应对愈来愈复杂的两岸关系的必然选择。法律解释是一种创造性的活动，它不仅必须符合法律的原意，也必须遵循世俗的理念和接受政治上强者的有形或无形的影响。[①] 随着声请问题解释难度的不断增大以及两岸关系敏感性的增加，台湾

---

① 参见陈金钊：《哲学解释学与法律解释学——〈真理与方法〉对法学的启示》，载《现代法学》2001 年 2 月第 23 卷第 1 期。

地区司法机构在解释方法上可能会不断创新，以更好地承担解释涉两岸关系的司法声请这一功能。对台湾地区司法机构涉两岸关系解释趋势的把握，不仅有助于摸清台湾地区司法机构多数"大法官"对于两岸关系态度的动向，对警惕和防范以"释宪"形式出现的"台独"亦有不小的助益。

第四章 制度实践（二）：台湾地区司法机构与政权体制

第一节 台湾地区政权体制的主要问题

台湾地区的政权体制存在诸多问题，部分源于"宪法"的模棱两可，部分因为历史形势的急遽变迁。"国民大会"从诞生之日起即面临着定性不清问题，"双首长制"确立过程中亦充满着行政权和立法权的争斗，选举制度也存在着挑起对立和挤压小党的隐患。这些问题或可以"修宪"途径解决，或可借"释宪"方式缓解。当"修宪"成为禁忌或障碍重重时，"释宪"成为唯一的选择。台湾地区司法机构做出的数个"宪法解释"，在某种程度上来说，回应了当时社会的呼声，缓解了"国民大会""双首长制"和"选举制度"中的矛盾。

一、"国民大会"的问题

"国民大会"是依据孙中山先生的"五权宪法"和"权能分离"理论所创制的政权机关。"权能分离"是"五权宪法"的基础，权是政权，能是治权。[①] 依孙中山先生的设想，为防止政府无能，治权机关只宜分工，而非制衡；但另一方面，人民又担心政府权力异化，无法对其直接控制，于是设计出代表整体民意的所谓政权机关（即"国民大会"），以借其达到直接控制治权机关的目的。[②] 1946 年的"宪法"虽托"五权宪法"之名，但实际上与"五权宪法"所设定的权力结构相去甚远，有学者称之为"以权能区

---

① 周叶中、祝捷：《台湾地区"宪政改革"研究》，香港社会科学出版社有限公司 2007 年版，第 110 页。

② 王英津：《台湾地区政治体制分析》，九州出版社 2010 年版，第 55 页。

分为形骸，以权力分立为实质"①，为日后"国民大会"制度改革埋下了伏笔。国民党统治集团退据台湾后，由于历史形势变迁，加上系列问题，"国民大会"经历了主动强化、被动弱化和虚级化，直至于 2005 年被完全废止。

首先，"国民大会"性质不清。关于"国民大会"的性质，有"主权机关""政权机关"和"治权机关"三种界定。1946 年"宪法"第 2 条规定，"中华民国之主权属于国民全体"。因而"国民大会"不当属于"主权机关"。通说认为，"国民大会"属于"政权机关"，但其只是代表人民行使政权，所以"国民大会"带有某种"中介性质"。② 与此同时，"国民大会"可不受民意直接约束行使"修宪权"，因而其带有某种"治权色彩"。事实上，"国民大会"的性质并非一成不变，而是从所谓的政权机关向"政权"与"治权"相混合的方向发展。③ 由于"国民大会"自身定位不明确，"行宪"过程中出现"宪政难题"，诸如"国民大会""监察院"和"立法院"何者得代表"中华民国"，亟待"修宪"或"释宪"予以解答。

其次，"国大代表"任期不明。"宪法"第 28 条第 1 款规定，"国民大会代表"每六年改选一次。因顾及若次届"国大代表"不能如期选出，政权有可能出现中断，"宪法"第 28 条第 2 款又补充规定，每届"国民大会代表"之任期，至次届"国民大会"开会之日为止。后因国共内战和台湾"戒严"，第一届"中央民意代表"任期即将届满，又无法举行"全国性"的选举，为符合宣称其代表"全中国"的"正当性"，只有由第一届代表继续行使职权。④ 台湾地区司法机构于是做出"释字第 31 号解释"，宣告"遭遇重大变故，第一届代表得继续行使职权"，台湾民意机关因此 40 年未有改选，出现了举世罕见之"万年国大"现象。后"资深国大代表"利用"修宪"之机扩权，招致台湾地区民众强烈不满，台湾地区司法机构后做出"释字第 261 号解释"，限"资深民意代表"于 1991 年 12 月 31 日之前终止行使职权。终身民意代表由"释字第 31 号解释"所创造，最后也结束在创

---

① 李慧宗：《"国家组织法"的"宪法解释"——兼评"司法院大法官会议释字第 387 与 419 号解释"》，载《台大法学论丛》1997 年第 20 卷第 4 期。

② 陈志华：《"中华民国宪法"》，三民书局股份有限公司 2005 年版，第 102 页。

③ 周叶中、祝捷：《台湾地区"宪政改革"研究》，香港社会科学出版社有限公司 2007 年版，第 146 页。

④ 叶俊荣：《转型法院的自我定位：论"宪法解释"对"修宪"机制的影响》，载《台大法学论丛》2003 年第 32 卷第 6 期。

造它的人之手。①

再次，"国民大会"职权不定。依据"权能分离"理论，"国民大会"作为"政权机关"，享有选举、罢免、创制和复决四权。"宪法"第27条规定，"国民大会"之职权包括：1. 选举"总统""副总统"；2. 罢免"总统""副总统"；3. 修改"宪法"；4. 复决"立法院"所提之"宪法修正案"。"国民大会"不同于立法机关，并不直接行使日常的立法权；不同于"制宪"机关，因为它还享有选举和罢免权；不同于"选举人团"，因为它还拥有"修宪权"。② 就对象而言，"国民大会"的职权可分为"人事权"和"修宪权"，其"人事权"后因台湾地区领导人直选而被架空，而其"修宪权"也因为不受约束而备受争议。"动员勘乱时期临时条款"将台湾地区宪制性规定对"国民大会"之"修宪权"的限制条款撤掉后，"国民大会"的"修宪权"几乎不受控制，也就给"国大代表"肆意扩权留下了空间。1999年，"国民大会代表"借"修宪"之机"延任自肥"，后台湾地区司法机构做出"释字第499号解释"，宣告"修宪"条款无效，实质上制服了不受限制的"宪政怪兽"，也为"国民大会"最终被废止奠定了基础。

二、"双首长制"的问题

如同变幻多端的政局一样，台湾地区的"政权组织形式"也一直在变化中。事实上，台湾地区不稳定的"政权组织形式"可上溯到1946年"宪法"之规定。"宪法"一方面设置了诸多类似"内阁制"的条款，另一方面又包含了若干类似"总统制"的因素，实质上是"宪法"起草者张君劢所称的"修正之内阁制"。③ 这种"修正的内阁制"由于"动员戡乱时期临时条款"（简称"临时条款"）的颁布未得施行，后者实质上将台湾地区的"政权组织形式"变为"总统制"。"解严"后，"临时条款"被废止，李登辉执政，为攫取权力开启"宪改"，谋求确立"总统制"。数度"宪改"后，"总统制"和"内阁制"被杂糅在一起，形成了具有台湾地区特色的

---

① 叶俊荣：《法统的迷思——台湾民主代表性的操控与重构》，载叶俊荣：《当代公法新论》（上），元照出版社2002年版，第450页。

② 张文生：《台湾"国民大会"制度的历史演变》，载《台湾研究集刊》2000年第4期。

③ 张君劢：《"中华民国民主宪法"十讲》，洛克出版社1997年版，第80页。

"双首长制",① 或曰"修正的双首长制"。② 由于复杂的权力和党派斗争，台湾地区虽经历数次"宪改"，却仍未能确立明确的"政权组织形式"。

有学者认为，台湾地区的"政权组织形式"兼具"双首长制"的外形和"总统制"的实质，既不是纯粹"双首长制"，也不是"总统制"，而是介于"双首长制"与"总统制"之间的独特体制，兼具"双首长制"和"总统制"的双重特点，但这种体制又不是处于"双首长制"与"总统制"的中间地带，而是偏于或接近于"总统制"一端。③ 这种模糊的"政权组织形式"在实际运行中造成了诸多"宪政"难题：其一，行政与立法之间的关系扑朔迷离。若是"总统制"，则"行政院院长"当对"总统"负责；若是"内阁制"，则"行政院院长"当对"立法院"负责。不论是"修正的内阁制"，还是"修正的双首长制"，均未对此问题做出明确规定。历年来由此引发的政治争议不断，台湾地区司法机构曾于 1995 年做出"释宪"，认为"行政院"当对"立法院"负责。第 4 次"修宪"后，问题更加混乱，至今未得解答。

其二，缺乏"少数当局"僵局的化解机制。1997 年第 4 次"修宪"后，"总统"得不经"立法院"同意任命"行政院院长"，"立法院"得对"行政院"提出不信任案，"总统"得在"立法院""倒阁"时解散"立法院"。"总统"享有"行政院院长"任命权，后者实质上沦为了前者的幕僚长。而当"总统"与台湾地区司法机构多数党分属不同党派时，会出现"少数当局"或"分离当局"。出现"政治僵局"时，"总统"不能主动解散"立法院"，而"立法院"行使"倒阁权"又将面临被解散的风险，若"立法院"不愿"倒阁"，改采以其他方式如抵制法案，而"总统"却又无法即时解散"立法院"，则僵局必将持续至下一届改选。④ 旷日持久的"核四"风波正是在此背景下酿成的，"立法院"和"行政院"僵持不下，最后只得由台湾地区司法机构居中调停。

其三，政体模糊，权责不清。"宪法"规定"行政院"对"立法院"

---

① 周叶中、祝捷：《台湾地区"宪政改革"研究》，香港社会科学出版社有限公司 2007 年版，第 58 页。

② 汤德宗：《"大法官"有关行政、立法两权关系重要解释案析论》，载汤德宗：《权力分立新论》（卷一），元照出版社 2005 年版，第 277 页。

③ 王英津：《试论台湾地区的政体形式及其走向》，载《台海研究》2015 年第 2 期。

④ 王英津：《台湾"宪政"改革以来的政治体制变迁刍议》，载《新视野》2012 年第 2 期。

负责，但"修宪"后"行政院院长"的任命权和同意权被"总统"攫取，而所谓的"倒阁权"制度亦形同虚设。因此，"立法院"不得不另寻其他手段来制约行政权。"通讯传播委员会"等"独立机构"的设立，就是"立法院"制约"行政院"的一次尝试。① 若任由"立法院"分享行政权，则"行政院"的权力可能被架空。"行政院"和"立法院"就"通讯传播委员会"的争斗实质上是"内阁制"与"总统制"的争斗，台湾地区司法机构以"释字第 613 号解释"对此问题予以解答，实质上也决定了"独立机构"在台湾地区的地位和走向。

三、选举制度的问题

根据"宪法"的规定，台湾地区"总统""副总统""立法委员"等"中央"和地方公职人员经由选举产生，选举遵循普遍性、平等性、直接性和秘密性原则，其主要选举方式包括单一选区相对多数决制、复数选区单记不可让渡制、政党比例代表制以及单一选区两票制。经历"戒严""解严"和"宪改"时期，台湾地区有关规定对选举方式、选举种类、选举经费、竞选活动和纠纷解决等问题做了详细的规定。有学者认为，台湾地区的选举，就其制度设计和运作效能而言，已经基本达到西方发达国家和地区竞争性选举的水平，选举基本上能做到公开、公平、公正，已经可以通过选举完成政权的和平转移，选票已经真正成为执政"合法性"的基础。② 尽管如此，台湾地区的选举制度和选举操作仍存在诸多问题或争论。

台湾地区的选举分为行政首长和民意代表的选举，前者主要指的是"总统"选举，后者主要指的是"立委"选举。自 1996 年起，台湾地区"总统"和"副总统"由民众直接选举产生。台湾地区领导人选举采用"单一选区相对多数决"，每个选民只能投一票，得票数最高者胜出。基于学界所公认的"迪韦尔热法则"（即，相对多数制倾向两党制，比例代表制导致多党制），"单一选区相对多数决制"更易于形成两党制。有学者认为，台湾地区领导人选举采用"相对多数决制"对台湾选举政治有四大影响：1）当选者民意基础不足；2）为"搅局候选人"提供空间；3）推动选民策略

---

① 参见石世豪：《赶不上历史脚步的"宪法释义"》，载《月旦法学杂志》2006 年第 136 期。

② 王英津：《台湾地区政治体制分析》，九州出版社 2010 年版，第 384 页。

性投票，即"弃保"；4）导致政治社会朝向极化方向发展。① 事实上，由于台湾地区社会严重缺乏共识，台湾地区领导人选举往往造成蓝绿激烈对抗局面，2004 年的选举纠纷几乎酿成社会危机，经台湾地区司法机构的解释才暂时平息了争端。

2005 年，"任务型国民大会"通过由"立法院"起草的第 7 个"宪法修正案"，对"立法院立法委员"的选举方式做了调整：自 2008 年起，"立委"选举不再实行"复数选区单记不可让渡制"，改而实行"单一选区两票制"。"单一选区两票制"是一种结合多数制与比例代表制的混合选举制，选民每人须投两票，一票投给多数制选区的候选人，另一票投给比例代表制的政党。依照计票方式的不同，单一选区两票制可分为德式的联立制和日式的分立制，二者的不同之处在于分配议席时，"联立制"先依政党得票数分配各党的总席次，扣掉区域当选席次后，剩下的再由政党名单来补足；"分立制"下区域议席和政党议席互不影响，一般被认为对大党有利。② 此外，"立法院"议席被缩减为 113 席，其中 73 席区域"立委"由相对多数制产生，34 席"不分区和侨选立委"按政党票比例产生，6 席山地和平地少数民族"立委"以"复数选区单记不可让渡制"产生。从计票方式上来看，多数制和比例制在分立制中的地位是平衡的，但是由于台湾"立法院"中由多数制选区产生的议席数远多于比例代表制选区，所以实际上，台湾"立法院"采用的"单一选区两票制"是以"单一选区相对多数决制"为主的，③ 这意味着新选制更有利于两党制的形成，也即小党的生存更为艰难。

在此之上，"增修条文"还设置了 5% 的政党门槛，即得票 5% 以上的政党方可参与议席分配。不少学者对 5% 政党门槛提出质疑，"虽然政党票的部分设计为小党的生存预留了一定的空间，但一方面不分区席次仅有 34 席，比例过低，另一方面又有 5% 的政党门槛限制，小党即使能够跨过门槛，最后分配的席次也极其有限，难以对政局产生影响"。④ 立法者的原意在于通过相对多数选举制，形成两党体系，以利政治稳定，同时引入比例代表制，予小党以适度存活空间，但是政治稳定的目的已然在"双首长制"

---

① 张华：《台湾"大选"选制的影响》，载《两岸关系》2011 年第 12 期。
② 曾润梅：《台湾选举制度及其影响初探》，载《台湾研究》2002 年第 2 期。
③ 陈兵：《选举制度与台湾政党体系变迁》，载《现代台湾研究》2014 年第 2 期。
④ 曾润梅：《略论台湾"单一选区两票制"及其政治影响》，载《台湾研究》2007 年第 2 期。

下"行政首长"选举中基本达到，5%政党门槛会对新实行的比例代表制产生强烈的干扰作用，破坏其保护小党的功效。① 事实也证明，新选制实施后，小党的"立委"席位和政治影响力极为有限，"后制宪联盟"和"公民党"以侵害平等权和参政权为由，提请台湾地区司法机构对"宪法增修条文"予以"合宪性"审查。台湾地区司法机构于2014年做出"释字第721号解释"，维护了新选制的"合宪性"地位。

第二节　台湾地区司法机构"大法官"与"国民大会"的存废

国民党统治集团退据台湾后，"国民大会"作为"法统"的象征长期未有改选，其民意代表性越来越弱，后又因"延任自肥"招致众怒，直至最后以"修宪"形式被废止。事实上，台湾地区司法机构在废止"国民大会"中扮演了重要的角色。"释字第76号解释"首先开启了"国民大会"的"治权机关化"的大门，暂时明确了"国民大会"的性质定位。"释字第261号解释"又结束了"国大代表"长期未有改选的乱象，为台湾地区的"宪政改革"奠定了基础。"释字第499号解释"最后宣告"宪法增修条文""违宪"，遏止了"资深民意代表""延任自肥"的闹剧，也为"国民大会"的虚级化埋下了伏笔。

一、"国民大会"的"治权机关化"

如前所述，"国民大会"的性质自"宪法"制定之日起就模糊不清，为日后的"国民大会"制度改革埋下了伏笔。"国民大会"的性质模糊不清，与"五权宪法"和"三权分立"理论的不同有莫大的关系。孙中山先生的"五权宪法"思想与西方"三权分立"思想虽然都强调权力分立和制约，但两者所赖的理论基础和具体的制度设计不尽相同：第一，"五权宪法"与"三权分立"所称的"权"不同，前者之"权"为"治权"，而后者之"权"既包括"政权"，也包括"治权"；第二，"五权宪法"与"三权分立"各分支之间的关系不同，前者倾向于分工与合作，而后者偏向

---

① 陈健：《略论选举制度、政府体制与政党体系的相关性——对我国台湾政治实践的思考》，载《太平洋学报》2009年第4期。

于分权与制衡。① 1946 年的"宪法"偏离了孙中山先生的"五权宪法"思想，带有某种"权力分立"的色彩，因而在"行宪"中出现疑义。一方面，从理论上来讲，"国民大会"作为"政权机关"，其地位超越于"中央"之上，不属于"中央"但能控制"中央"，因而居于"治权机关"之上。② 另一方面，从实际上来讲，"国民大会"其自身的"组织法"及"国大代表"的报酬规定都必须由"立法院"规范，③ 可见"国民大会"的地位并不超脱，"宪法"规定的选举权、弹劾权和"修宪权"，又使得"国民大会"具备了某种西方国会的特质。

上述疑义源于"宪法"的规定，本应以"修宪"的形式予以修正，但"动员戡乱时期"，"宪法"被执政当局当作"法统"的象征，"修宪"成为一种禁忌，④ 因而只能以"大法官释宪"的方式，在维护"宪法"体制的基础上实现"宪法"变迁。因此，"释字第 76 号解释"对"国民大会""立法院"和"监察院"是否等同于西方国家和地区之国会的问题做了解答。首先，"释字第 76 号解释"肯定了台湾地区政权体制与西方三权分立体制的不同，"'宪法'系依据孙中山先生之遗教而制定，于'国民大会'外并建立'五院'，与三权分立制度本难比拟……如每年定期集会、多数开议、多数决议等，不尽与各民主国家国会相同"。其次，"释字第 76 号解释"指明了"国民大会""立法院"和"监察院"与西方国会的相似之处，"'国民大会'行使政权，'立法院'为最高立法机关，'监察院'为最高监察机关，均由人民直接间接选举之代表或'委员'所组成。其所分别行使之职权亦为民主国家国会重要之职权。"最后，"释字第 76 号解释"认为"国民大会""立法院"和"监察院"相当于"国会"，"就'宪法'上之地位及职权之性质而言，应认'国民大会''立法院''监察院'共同相当于民主国家之国会。"⑤

"释字第 76 号解释"不仅解答了"国民大会"的地位问题，亦开启了

---

① 周叶中、祝捷：《台湾地区"宪政改革"研究》，香港社会科学出版社有限公司 2007 年版，第 110 页。

② 王英津：《台湾地区政治体制分析》，九州出版社 2010 年版，第 37 页。

③ 张文生：《台湾"国民大会"制度的历史演变》，载《台湾研究集刊》2000 年第 4 期。

④ 叶俊荣：《转型法院的自我定位：论"宪法解释"对"修宪"机制的影响》，载《台大法学论丛》2003 年第 32 卷第 6 期。

⑤ 参见"释字第 76 号解释"，台湾"法源法律网"，http：//db. lawbank. com，最后访问时间：2016 年 2 月 28 日。

"国民大会"的"治权机关化"的大门。按照"权能分离"和"五权宪法"理论，"国民大会"的应当超然于"五权"之上，但是"释字第76号解释"认为其"相当于民主国家之国会"，实际上将"国民大会"从"政权机关""拉低"到了"治权机关"的层次，往后历次"宪政改革"亦沿袭了这种做法。此外，"释字第76号解释"对台湾地区政制体制的变迁作用还体现在"三国会体制"的确立。尽管"三国会体制"早已存在，但是"释字第76号解释"以明文方式对其予以确立。"三国会体制"在运作过程中存在很多不合理现象，例如，作为民意代表机关的"国民大会"，每六年集会一次往往只为选举台湾地区领导人，或者是在执政党的指示下修改"宪法"以及"临时条款"，影响力有限。"立法会"虽然拥有大部分西方国家议会的职权，但是却无法将事前的审核与事后的监督结合在一起，缺乏有效的监督能力，使得行政部门受到的制衡压力稀释。"监察院"尽管手握弹劾与纠举的权力，但毕竟事后处置与事前防范的性质又不同，从而偏离了监督制衡的本意。再加上"立法院"与"监察院"之间彼此独立，总体上导致零碎的"立法权"无法与"行政权"相抗衡。① 正是由于上述种种不合理之处，"三国会体制"不断地被修正，直至最后"单一国会体制"的确立。

二、"万年国大"的终止与过渡

如前所述，因"释字第31号解释"得以延任的"国大代表"长期未有改选，而结束"资深民意代表"之任期的呼声愈来愈高，台湾地区司法机构应"立法院"之请做出"释字第261号解释"。"释字第261号解释"首先肯定了"释字第31号解释"的效力，"第一届'中央民意代表'当选就任后，国家遭遇重大变故，因未能改选而继续行使职权，乃为维系'宪政'体制所必要"；其次澄清了"宪法"第28条第2款和"释字第31号解释"并不意味着"中央民意代表"不受任期限制："本院'释字第三十一号解释'、'宪法'第二十八条第二项及'动员戡乱时期临时条款'第六项第二款、第三款，既无使第一届'中央民意代表'无限期继续行使职权或变更其任期之意，亦未限制次届'中央民意代表'之选举"；再次设定了"中央民意代表"的去职日期："为适应当前情势，第一届未定期改选之'中央民意代表'除事实上已不能行使职权或经常不行使职权者，应即查明解职外，

---

① 王英津：《台湾地区政治体制分析》，九州出版社2010年版，第181页。

其余应于一九九一年十二月三十一日以前终止行使职权";最后敦促"中央"适时办理改选,"'中央'自应依'宪法'之精神、本'解释'之意旨及有关法规,妥为规划,在'自由地区'适时办理含有不分区名额之次届'中央民意代表'选举,以确保'宪政'体制之运作。"① 有学者认为,"释字第 261 号解释",一方面可说是当时社会对于改革共识的成文化,然另一方面若没有透过此"解释"高度的共识,亦难期待政治部门可以明确地宣示出来。② "释字第 261 号解释"限令第一届"中央民代"定期退职,及时开启"宪政改革"之门,化解因统治"正当性"遭受质疑而爆发之"宪政危机",对于台湾地区"宪政体制"之维系,居功至伟,永留青史。③

由于"国民大会"非常设机构,故"法律"未对"国大代表"的薪酬做规定。国民党统治集团退台后,体念来台"国大代表"无恒产、生活困苦,给予其经常性的"生活辅助费",但这种补助的依据是政令而非"法律"。④ 针对"国大代表"的待遇问题,台湾地区司法机构于 1991 年 7 月做出"释字第 282 号解释",认为"国大代表"是"无给职","'国民大会代表',依'宪法'所定职务之性质,不经常集会,非应由'国库'定期支给岁费、公费等待遇之职务,故属无给职。"台湾地区司法机构认为,"国大代表"在特定情形下所得受领报酬,且"所得受领之报酬,应与其他'中央民意代表'之待遇,分别以'法律'明定其项目及标准,始得据以编列预算支付之"。此外,"释字第 282 号解释"亦规定了报酬平等原则,"'国民大会代表',在同一时期所得受领之报酬,应归一律。依'动员戡乱时期临时条款'增加名额选出之'国民大会代表',其所得受领之报酬,应与第二届'国民大会代表'相同,乃属当然"。⑤

"释字第 282 号解释"未彻底解决"无给职"和"特定情形"的问题,由此衍生的疑义由 1992 年 6 月的"释字第 299 号解释"予以释明。"释字第 299 号解释"解释了"无给职":"'国民大会代表'为无给职,系指'国民大会代表'非应由'国库'经常固定支给岁费、公费或相当于岁费、

---

① 参见"释字第 261 号解释"及"理由书"。

② 叶俊荣:《转型法院的自我定位:论"宪法解释"对"修宪"机制的影响》,载《台大法学论丛》2003 年第 32 卷第 6 期。

③ 汤德宗:《大法官有关"权力分立原则"解释案之研析》,载汤德宗:《权力分立新论》(卷二),元照出版社 2005 年版,第 387 页。

④ 李炳南:《"宪政改革"与"国民大会"》,月旦出版社股份有限公司 1994 年版,第 40 页。

⑤ 参见"释字第 282 号解释"的"解释文"及"理由书"。

公费之给予"，同时指出"无给职并非在任何情形下，均毫无报酬之意"。
"释字第 299 号解释"举例阐释了"特定情形"的意涵，"主要系指集会行
使职权时得受领各项合理之报酬"，但认为具体情形应由立法规定："至其他
何种特定情形得受领报酬，系属立法裁量问题，应由立法机关本此意旨，于
制定有关'国民大会代表'报酬之'法律'时，连同与其行使职权有直接
关系而非属于个人报酬性质之必要费用，如何于合理限度内核实开支，妥为
订定适当项目及标准，以为支给之依据。"① "释字第 299 号解释"实际上是
"释字第 282 号解释"的延续，这两个"解释"共同构成了"国民大会代表"
待遇法制化的基础，有利于对"国民大会代表"行使职权的监督和限制。②

三、"国民大会"的"修宪"程序

国民党统治集团退据台湾后，根据"动员戡乱时期临时条款"的规定，
"国民大会"行使"修宪权"的限制条款被解除，"国民大会"的"修宪
权"因此完全不受约束，成为学者所指的"宪政怪兽"和坐收"修宪"租
的"利维坦"。③ 随后台湾地区司法机构借"释宪"之机对"国民大会"的
"修宪权"做了限制。1993 年 2 月，台湾地区司法机构应申请针对"非为
'修宪'召集之'国民大会'临时会得否行使'修宪'职权"问题做出
"释字第 314 号解释"，"'国民大会'临时会系依各别不同之情形及程序而
召集，其非以'修宪'为目的而召集之临时会，自不得行使'修改宪法'
之职权。"④ 有学者由此推论，"大法官"乃基于防弊的心态，为免此种由
"国民大会"一机关独大的"修宪"方式造成的滥权的流弊，形成舆论监督
的机制，也为一机关"修宪"提供了一个解套的可能。⑤ 此项"解释"虽
然只就程序问题作答，但有学者认为，其实质是限制了"国民大会"的随
意"修宪权"，用民意的力量控制和制约"国民大会"行使"修宪权"。⑥

---

① 参见"释字第 299 号解释"及"理由书"。

② 周叶中、祝捷：《台湾地区"宪政改革"研究》，香港社会科学出版社有限公司 2007 年版，
第 153 页。

③ 叶俊荣：《从"转型法院"到"常态法院"：论"大法官释字第二六一号与第四九九号解
释"的解释风格与转型脉络》，载《台大法学论丛》2002 年第 31 卷第 2 期。

④ 参见"释字第 299 号解释"。

⑤ 叶俊荣：《转型法院的自我定位：论"宪法解释"对"修宪"机制的影响》，载《台大法
学论丛》2003 年第 32 卷第 6 期。

⑥ 周叶中、祝捷：《台湾地区"宪政改革"研究》，香港社会科学出版社有限公司 2007 年版，
第 153 页。

次年 6 月，台湾地区司法机构再次就"国民大会"的"修宪"程序问题做出解释。"宪法"第 174 条第 1 款规定，由"国民大会代表"总额 1/5 之提议，2/3 之出席，及出席代表 3/4 之决议，得修改"宪法"。对于"何种读会暨各次读会之出席及议决人数，'宪法'及'法律'皆未规定"。"释字第 381 号解释"认定，"'修改宪法'所进行之一读会程多，并非通过'宪法修改案'，其开议出席人数究采'国民大会组织法'第八条代表总额三分之一，或采'宪法'第一百七十四条第一款所定三分之二之出席人数，抑或参照一般会议规范所定出席人数为之，系属议会自律之事项"，但又补充，"至自律事项之决定，应符合'自由民主宪政秩序'之原则"。① 虽然"释字第 381 号解释"未就"自由民主宪政秩序"做详细解释，但其事实上为后来的"释宪"做了铺垫。

1999 年，"国大代表"借"修宪"之机"延任自肥"触犯众怒，台湾地区司法机构应申请做出"释字第 499 号解释"，从程序和实体方面论证了"宪法增修条文"的"违宪"之处。其一，"修正程序抵触上开公开透明原则，且衡诸当时有效之'国民大会议事规则'第三十八条第二项规定，亦属有违"，"此项'修宪'行为有明显重大瑕疵，已违反'修宪'条文发生效力之基本规范"。其二，"'自由民主宪政秩序'，乃现行'宪法'赖以存立之基础，凡'宪法'设置之机关均有遵守之义务"，"如听任修改条文予以变更，则'宪法'整体规范秩序将形同破毁，该修改之条文即失其应有之'正当性'"，而"'增修条文'有关修改'国民大会代表'产生方式之规定，与'自由民主之宪政秩序'自属有违"；其三，"本件关于'国民大会代表'及'立法委员'任期之调整，并无'宪政'上不能依法改选之正当理由，径以修改上开'增修条文'方式延长其任期，与首开原则不符。'国民大会代表'之自行延长任期部分，于利益回避原则亦属有违，俱与'自由民主宪政秩序'不合。基于此，"上开修正之第一条、第四条、第九条暨第十条应自本'解释'公布之日起失其效力"。② 此项"解释"在台湾地区引起了巨大反响，有学者认为，"大法官"自居为"太上修宪机关"，严重逾越了司法审查机构应有的分际；③ 也有学者认为，少数人"毁宪自

---

① 参见"释字第 381 号解释"。
② 参见"释字第 499 号解释"。
③ 曾建元、谢秉宪：《民主政治、立宪主义与司法审查——"司法院大法官"议决释字第 499 号解释评释》，载《厦门大学法律评论》2001 年第 2 期。

肥"的野心，为"大法官"所击破，作为"宪法守护者"的"大法官"所呈现的不是野心，而是基于职责的抱负。① "大法官"借由宣告第 5 次"修宪"的"增修条文""违宪"，一方面抑制"国民大会"的滥权，另一方面引起舆论及学界的广泛讨论，使得"国民大会"不得不进行第 6 次"修宪"并将岛内的多数共识成文化，一举虚级化"国民大会"。② "国民大会"虚级化，或许只是"大法官"无心插柳的结果，却对台湾地区未来的"宪政"发展造成强烈的影响。③ 总体而言，对"释字第 499 号解释"褒扬者居多，因为它制服了"宪政怪兽"，结束了台湾地区的"宪改乱象"。

第三节　台湾地区司法机构"大法官"与"双首长制"

台湾地区的"政权组织形式"处于"内阁制"与"总统制"的中间地带，虽可勉强归于"修正的双首长制"，但行政权与立法权的关系长期模糊不清。1995 年，台湾地区司法机构做出"释字第 387 号解释"，确立了"行政院"向"立法院"负责的基本原则。2000 年，随着民进党上台，台湾地区出现"少数当局"局面，"立法院"和"行政院"就"核能四厂"问题僵持不下，台湾地区司法机构做出"释字第 520 号解释"居中调停。2006年，"行政院"与"立法院"又就"独立机构""通传会"发生争执，台湾地区司法机构应申请做出"释字第 613 号解释"，宣告"通传会条例"部分"违宪"，决定了"独立机构"将来的命运。

一、"行政院"与"立法院"的关系

如前所述，台湾地区"政权组织形式"长期模糊不清，既不属于"内阁制"，也不属于"总统制"，甚至与典型的"双首长制"也有所出入。这种介于"内阁制"与"总统制"的中间状态，导致"行政院"与"立法院"的关系扑朔迷离，滋生了不少重大政治争议。1995 年，三次"修宪"后，台湾地区"政权组织形式"自"内阁制"往"总统制"迈进了一步，

---

① 吴庚：《宪法的解释与适用》，三民书局 2004 年版，第 34 页。

② 叶俊荣：《转型法院的自我定位：论"宪法解释"对"修宪"机制的影响》，载《台大法学论丛》2003 年第 32 卷第 6 期。

③ 许志雄：《"宪法"保障与"违宪"的"宪法"规范——"司法院释字第四九九号解释"评析》，载许志雄：《宪法秩序之变动》，元照出版社 2000 年版，第 305 页。

"行政院首长"应否因"立法院"全面改选而总辞的问题成为争议焦点。台湾地区司法机构应部分"立法委员"的申请,做出"释字第 387 号解释",试图厘清"行政院"与"立法院"之间的关系。在此之前,台湾地区司法机构曾针对类似问题做出"释字第 329 号解释"和"释字第 342 号解释",但两次"释宪"均回避了对政治问题的直接裁决。

"释字第 387 号解释"一改往日回避的态度,明确了"行政院"应当向"立法院"负责:"'行政院院长'既须经'立法院'同意而任命之,且对'立法院'负政治责任,基于民意政治与责任政治之原理,'立法委员'任期届满改选后第一次集会前,'行政院院长'自应向'总统'提出辞职。'行政院副院长'、各'部会首长'及不管'部会'之'政务委员'系由'行政院院长'提请'总统'任命,且系出席'行政院'会议成员,参与行政决策,亦应随同'行政院院长'一并提出辞职。"① "行政院首长"应否向"立法院"辞职的问题,根本上是"内阁制"和"总统制"之争的问题:"释字第 387 号解释"事实上确立了"修正式内阁制"下"行政院"向"立法院"负责的基本原则。② 台湾地区学者多对此次"释宪"持肯定态度,有学者认为,"大法官"坚持"民意政治、责任政治"的基本理念,而依据"修正式内阁制"的精神做出补充规范,相当程度地化解了行政、立法二权就"院长"任期所产生的歧见,将争论多年的体制问题廓清。③

问题并未彻底解决,1996 年,因"副总统"兼任"行政院院长"的问题,"内阁制"与"总统制"之间的冲突再度升级。台湾地区司法机构应申请做出"释字第 419 号解释",对"副总统"得否兼任"行政院院长"、"行政院院长"应否于新任"总统"就职时总辞和"立法院"是否有权咨请"总统"重新提名"行政院院长"问题做出回答。"释字第 419 号解释"认为:1)"副总统"得否兼任"行政院院长","宪法"并无明文规定,"副总统"与"行政院院长"二者职务性质亦非显不兼容,唯此项兼任如遇"总统"缺位或不能视事时,将影响"宪法"所规定继任或代行职权之设计,与"宪法"设置"副总统"及"行政院院长"职位分由不同之人担任

---

① 参见"释字第 387 号解释"。

② 周叶中、祝捷:《台湾地区"宪政改革"研究》,香港社会科学出版社有限公司 2007 年版,第 138 页。

③ 汤德宗:《大法官有关行政、立法两权关系重要解释案析论》,载汤德宗:《权力分立新论》(卷一),元照出版社 2005 年版,第 279 页。

之本旨未尽相符；2）"行政院院长"于新任"总统"就职时提出总辞，系基于礼貌性辞职，并非其"宪法"上之义务；3）"立法院"咨请"总统"尽速重新提名"行政院院长"之决议，逾越"宪法"所定"立法院"之职权，仅属建议性质，对"总统"并无"宪法"上之拘束力。①

"副总统"兼任"行政院院长"的问题，根本上也是"内阁制"与"总统制"的问题，即"总统"和"立法院"何者居于优势的问题。"释字第419号解释"虽然否定了"副总统"得兼任"行政院院长"，但未对台湾地区"政权"组织形式做梳理，也未对"副总统"的职位做任何定性，事实上回避了"立法院"与"行政院"和"总统"的关系问题。有学者认为，"释字第499号解释"是一个模棱两可的"解释"与持平温和的"指示"，未能直接解决引发争议之原因事实，与其说是一件司法判决，不如说是"法律顾问"善尽言责的忠告，或"宪法"老师诲人不倦的著作。② 无论从何种角度诠释该号"解释"，终究免不了进一步透过"修宪"途径，以调整"总统""行政院""立法院"三者的关系。③ 由于"释字第419号解释"无法解决问题，台湾地区随后出现第4次"修宪"，事实上，"释字第419号解释"可称为第4次"宪改"的导火索。

二、"行政院"重大决策的立法监督

1997年第四次"宪改"后，台湾地区"政权"组织形式由"修正的内阁制"转向"修正的双首长制"，"行政院院长"的任免权由"总统"执掌，无须获得"立法院"的同意。2000年选举后，陈水扁上台组阁，绿营和蓝营分别执掌"行政院"和"立法院"，出现"朝小野大"的"少数当局"局面。新任民进党籍"行政院院长"宣布停建经"立法院"通过预算的"核能四厂"，触发了酝酿已久的蓝绿对决问题。蓝营虽掌握"立法院"多数席位，但因忌惮被"总统"解散而未行使"倒阁权"，改而移请"监察院"弹劾"行政院院长"。应"行政院"申请，台湾地区司法机构做出"释字第520号解释"，以调和僵持不下的局面。

---

① 参见"释字第419号解释"。
② 汤德宗：《大法官有关行政、立法两权关系重要解释案析论》，载汤德宗：《权力分立新论》（卷一），元照出版社2005年版，第286页。
③ 叶俊荣：《转型法院的自我定位：论"宪法解释"对"修宪"机制的影响》，载《台大法学论丛》2003年第32卷第6期。

　　"释字第 520 号解释"围绕"行政院"应否就停建"核能四厂"征询"立法院"的意见做出解答，认为：1）"主管机关依职权停止法定预算中部分支出项目之执行，是否构成'违宪'或'违法'，应分别情况而定"，"若非属重要政策之变更且符合'预算法'所定要件，主管机关依其合义务之裁量，自得裁减经费或变动执行"；2）"因施政方针或重要政策变更涉及法定预算之停止执行时，则应本'行政院'对'立法院'负责之'宪法'意旨暨尊重'立法院'对重要事项之参与决策权，由'行政院院长'或有关'部会首长'适时向'立法院'提出报告并备质询"；3）"本件经'行政院会议决议'停止执行之法定预算项目，基于其对储备能源、环境生态、产业关联之影响，并考虑历次决策过程以及一旦停止执行善后处理之复杂性，自属重要政策之变更"。① 台湾地区司法机构并未宣告"行政院""违宪"，而是要求其补足报告和质询程序，若"立法院"同意停建则予执行，若"立法院"不同意停建则"由各有关机关依本'解释'意旨，协商解决方案或根据'宪法'现有机制选择适当途径解决僵局"。

　　虽承认"立法院"对"重要事项"有参与决策权，但是从某种程度上而言，"释字第 520 号解释"并未完全解决"核能四厂"风波。有学者认为，"释字第 520 号解释"对涉及"修宪"内容的争议，是部分回应、部分转移：在"回应"的部分，"大法官"针对六度"修宪"后的体制，试图平衡"国会"与行政部门之间的权力关系；而在"转移"的部分，对于重大政策最后究竟应如何决定等关键问题，"大法官"还是将之交回政治部门解决。② "行政院"申请"释宪"的目的是请"大法官"以中立者之身份，对两"院"之间难以协调之争议和矛盾予以仲裁，但是"大法官"在做出一系列推演后，竟认为双方应该协商解决方案或根据"宪法"现有体制选择适当途径解决，实际上是将"皮球"踢回给"释宪"申请者。因此，有学者指"大法官"在此次"解释"中仅是借"释宪"表明个人对"核四"停建风波的观点，"抒发己见以明志"，"'解释'公布后，两'院'争议依旧，各界解读分歧，可谓治丝益棼、徒劳无功。而本件'解释'所以未能作成'裁判'，实因'大法官'对于现行'宪政'体制之定位无共

　　① 参见"释字第 520 号解释"。
　　② 叶俊荣：《转型法院的自我定位：论"宪法解释"对"修宪"机制的影响》，载《台大法学论丛》2003 年第 32 卷第 6 期。

识所致"。①

三、"独立机构" 的地位

新闻在民主政治中的重要性不言而喻，人们常常将之称为"第四权"。为规制新闻传媒行业，台湾地区曾于"行政院"下设"新闻局"，但彼时由行政监管的"新闻局"无法保持应有的独立性，沦为行政当局打击异己的工具。民进党执政后，屡次出现行政干涉媒体的事件，由国民党和亲民党主导的"立法院"于是推动设立"通讯传播委员会"（简称"通传会"），以脱离行政层级体制的"独立机构"取代"新闻局"。尽管民进党百般阻挠，2005 年 10 月，"通讯传播委员会组织法"（简称"通传会组织法"）由"立法会"通过，规定"通传会委员"由各政党（团）接受各界举荐，并依其在"立法院"所占席次比例共推荐 15 名、"行政院院长"推荐 3 名，交由"提名审查委员会"审查。2006 年 2 月，"通传会"宣告成立，其后"行政院"就"通传会组织法"是否"违宪"提请台湾地区司法机构"释宪"，"大法官"于同年 7 月做出"释字第 613 号解释"。

"释字第 613 号解释"表明：1）基于"行政一体"原则，"行政院"应拥有"通传会委员"之人事决定权；2）基于"权力分立"原则，"立法院"得对"行政院"有关"通传会委员"之人事决定权加以限制，但不得与"宪法"明文规定相抵触，亦不得将人事决定权予以实质剥夺或径行取而代之；3）"通传会组织法"有关规定实质上几近完全剥夺"行政院"之人事决定权，逾越了立法机关对"行政院"人事决定权制衡的界限，也违反了责任政治和权力分立原则，且自"行政院"剥夺的人事决定权实质上被转移至"立法院"由各政党组成的"审查会"共同行使，影响人民对"通传会"应超越政治之公正性信赖，违背"通传会"设计为独立机关之建制目的，与"宪法"所保障通讯传播自由之意旨亦有不符；4）基于此，相关规定应自"解释"公布之日起，至迟于 2008 年 12 月 31 日失其效力；失效前，"通传会"所作成之行为，并不因"违宪"而影响其适则性，人员与业务之移拨，亦不受影响。②

---

① 参见汤德宗：《"宪法解释"与"违宪"审查——"司法院大法官释字 520 号解释"案评释》，载汤德宗：《权力分立新论》（卷一），元照出版社 2005 年版，第 152—178 页。

② 参见"释字第 613 号解释"。

　　"通传会"事件表面上围绕"独立机构"和责任政治原则的冲突展开，其实在某种程度上是"双首长制"弊病的再次体现，也是"立法院"与"行政院"之争的反映，归根结底是岛内两大阵营政争的产物。① 党派斗争向来是台湾地区民主政治的主旋律，此次事件亦不例外，因此不做赘叙。若从"立法院"与"行政院"之争的角度来看，"释字第613号解释"实质上支持了"行政院"，故有学者认为，台湾地区司法机构以巩固行政权为职志，以至于过度维护行政权，对"独立机构"充满敌意，对政党充满不信任。② 就"独立机构"与政治责任原则的冲突来看，"释字第613号解释"实质上支持了责任政治原则。撇开政治斗争的因素不谈，"独立机构"是一种新兴的行政主体，脱离于行政层级管理体制，处理专业行政业务时，因保留独立性而具备公正性，常被不信任政治斗争的民众寄予厚望。有学者认为，"释字第613号解释"在"立法院"与"行政院"的权力斗争中，极力维护行政机关的利益，实际上牺牲了作为独立机关的"通传会"，③ 也对日后台湾地区独立机构的生存和发展设置了许多限制。也有学者认为，"释字第613号解释"宣告"通传会"的任命方式"违宪"，但同时也肯定并试图制定"通传会"和其他"独立机构"的"合宪"空间，譬如给"独立机构"留有在"决策"层面上维持"相对独立"的可能性。④

第四节　台湾地区司法机构"大法官"与选举制度

　　2004年，蓝营与绿营因"三·一九"枪击案及"总统"选举结果产生激烈对抗。选举诉讼未果后，蓝营谋求借"真调会"对"三·一九"枪击案展开调查，绿营对"真调会条例"的"合宪性"提出质疑，台湾地区司法机构应申请做出"释字第585号解释"，宣告"真调会条例"部分条款"违宪"，暂时平息了选举纠纷。2008年，新的选举制度实施后，小党的生

---

① 周叶中、祝捷：《台湾地区"宪政改革"研究》，香港社会科学出版社有限公司2007年版，第253页。

② 刘孔中：《怪哉！以巩固行政权为职志的六一三号解释》，载《月旦法学杂志》2006年第136期。

③ 参见蔡秀卿：《又是权力斗争的牺牲品——试评析"大法官释字第六一三解释"》，载《月旦法学杂志》2006年第137期。

④ 廖元豪：《释字六一三后，独立机关还剩多少空间?》，载《台湾本土法学杂志》2006年第87期。

存空间被限缩，新选制的"合宪性"受到质疑。台湾地区司法机构做出"释字第721号解释"，宣告"宪法增修条文"没有违反"自由民主宪政秩序"，维护了新选制的"合宪性"地位。

一、选举纠纷的解决

如前所述，自1996年起，台湾地区正副领导人由直接选举产生，选举纠纷解决机制亦由有关规定加以规范。台湾地区的选举诉讼可分为"选举无效之诉"和"当选无效之诉"：前者针对主办选举事务的机关，在办理选举时违反选举规则，因而影响当选与落选；后者针对候选人资格不实，或当选票数不足，或竞选时违反选举规则。① 2004年，由于"三·一九"枪击事件，一路落后于"连宋组合"的"陈吕组合"以三万票的优势赢得选举。泛蓝营对选举结果表示质疑：其一，"三·一九"枪击事件的发生十分蹊跷，对选情有重大影响；其二，受紧急状态影响，大量可能支持"连宋组合"的军警和情治人员不能参选，其人数多达十万之众；其三，部分地区计票工做出现绿营人员舞弊的现象。② 据此，泛蓝阵营向台湾地区法院提出当选无效之诉和选举无效之诉，但诉讼均被台湾地区"最高法院"驳回。"国亲联盟"没有就此提请"释宪"，而是希望成立"三·一九枪击事件真相调查特别委员会"（简称"真调会"），针对"三·一九"枪击案展开调查。

"真调会"是由"立法院"设立的"独立机构"，其组织、职权和程序由"三·一九枪击事件真相调查特别委员会条例"（简称"真调会条例"）规定。由于牵涉范围甚广且影响重大，为查明"三·一九"枪击案，"真调会条例"赋予了"真调会"极其广泛的职权，比如"真调会条例"第8条规定，"三·一九枪击事件所涉及之刑事责任案件，其侦查专属本会管辖；本会于行使前项职权，有检察官、军事检察官依据'法律'所得行使之权限；本会行使职权，不受'机密保护法''营业秘密法''刑事诉讼法'及其他规定之限制；受请求之机关、团体或人员不得以涉及当局机密、营业秘密、侦查保密、个人隐私或其他任何理由规避、拖延或拒绝；本会调查结

① 参见王英津：《台湾地区政治体制分析》，九州出版社2010年版，第364页。
② 参见周叶中、祝捷：《台湾地区"宪政改革"研究》，香港社会科学出版社有限公司2007年版，第241—242页。

果，如有涉及刑事责任者，由调用之检察官或军事检察官径行起诉；本会或本会委员行使职权，认有必要时，得禁止被调查人或与其有关人员出境"。绿营对"真调会条例"的"合宪性"提出质疑，为阻止"真调会"对枪击案展开调查，提请台湾地区司法机构做出"急速处分"，暂停"真调会条例"的适用。台湾地区司法机构针对此案做出"释字第585号解释"。

"释字第585号解释"认为：1）"立法院"依"宪法"享有一定的调查权，但其调查的对象和事项应有所限制，即事项须与其职权有重大关联且不属于行政机关独立行使"宪法"职权范围。2）"立法院"的调查程序应由"法律"规定，且其个案调查事项之范围，不能违反权力分立与制衡原则，亦不得侵害其他"宪法"机关之权力核心范围，或对其他"宪法"机关权力之行使造成实质妨碍，如有涉及限制人民权利者，必须符合比例原则、"法律明确性原则"及"正当法律程序"之要求。3）"真调会条例"关于刑事调查的规定，违反权力分立与制衡原则；关于再审的规定，违反法律平等适用之法治基本原则；关于专属管辖、移交卷证的规定，有违权力分立与制衡原则；关于重复处罚的规定，有违"正当法律程序"及"法律明确性原则"；关于限制出境的规定，逾越"立法院"之调查权限，并违反比例原则。4）基于此，相关"违宪条款"自"解释"公布之日起失效。5）台湾地区司法机构依据"宪法"独立行使职权，保全制度乃司法权的核心机能之一，因为"解释"或审判、民事或刑事案件有所差异，因而享有"急速处分"的权力。[①]

"真调会"的职权因"释字第585号解释"大大削弱，在没有查清事件真相的情况下匆匆解散。"释字第585号解释"也成为台湾地区司法机构最受争议的"解释"之一，由于"释宪"期间爆出的丑闻和"释宪"对"独立机构"的打压，台湾地区的政界、学界和媒体对台湾地区司法机构的信任和尊重大打折扣。有学者认为，"释字第585号解释"是一个"没有论理，只有结论"的"解释"，因为将"真调会"定性成"立法院之机关"没有任何推理："大法官"努力、假装作成一个去政治化、价值中立、演绎式的"解释"，但实效上，一个"没有推理的解释"并没有更具说服力，也不见得少了批评之声。[②]

---

① 参见"释字第585号解释"。
② 廖元豪：《"画虎不成"加"歪打正着"——从美国经验评真调会与释字第五八五号解释》，载《台湾本土法学杂志》2005年第71期。

二、选举制度的厘清

如前所述，并立式单一选区两票制及政党席位分配实际上不利于小党的生存。2008 年第 7 届"立法会委员"选举，新选举制度首次实践。在此之前，多数学者预测，新选制施行后，小党将举步维艰。事实也证明如此：总议席 113 席，国民党和民进党共占 108 席，议席占有率高达 95.6%；政党票 34 席，国民党占 20 席，民进党占 14 席，其他党派一无所获。有学者认为，如果没有 5% 的政党票门槛，新党、"台联党"等小党都能获得席位，哪怕只是区区一席，可见"5% 政党票门槛"扭曲了比例代表制的公平性。[①] 选举结束后，"制宪联盟"和"公民党"主张新选制侵害平等权和参政权，向台湾地区法院提出选举无效之诉和当选无效之诉，几经辗转后被台湾地区高等法院驳回。"制宪联盟"和"绿党"因而就相关"修宪"条文和"公职人员选举罢免法"的"合宪性"提请"释宪"。经过一年半的审理，台湾地区司法机构于 2014 年 6 月做出"释字第 721 号解释"。

"释字第 721 号解释"认为，"宪法增修条文"关于"单一选区两票制""政党比例代表席次"以及"5% 政党门槛"的规定没有违反"自由民主宪政秩序"，"公职人员选举罢免法"关于并立制和政党门槛的规定亦不生抵触"宪法"之疑义。"理由书"则详细剖析了相关条款"合宪"的原因：1）"宪法"之修改如未涉人民基本权核心内涵之变动，或不涉权力分立与制衡原则之违反，即未违反"自由民主宪政秩序"；2）关于各国和地区国会选举，有重视选区代表性而采相对多数决者，有重视政党差异而采政党比例代表制者，实为民主政治之不同选择，反映各国和地区政治文化之差异；3）有关"立法院立法委员"选举方式之调整，反映人民对"民主政治"之选择，有意兼顾选区代表性与政党多元性……此一混合设计及其席次分配，乃民众意志之展现；4）5% 政党门槛规定目的在避免小党林立，政党体系零碎化，影响议事运作之效率，妨碍行政立法互动关系之顺畅，且并未完全剥夺两大党以外政党获选之可能性，未变动选举权及平等权之核心内涵，因而不生"违宪"之疑义。[②]

"释字第 721 号解释"是台湾地区司法机构继"释字第 499 号解释"之

---

①　陈健：《政党政治抑或大党政治——台湾"立委"选举制度分析》，载《学海》2014 年第 2 期。

②　参见"释字第 721 号解释"及"理由书"。

后，对"宪法增修条文"的又一次"违宪审查"。此号"解释"以"合宪宣告"的形式厘清了台湾地区的选举制度，维护了并立式单一选区两票制及席位分配和5%政党门槛的地位。有学者认为，本号"解释"对"立委"选举方式采取了较为宽松的审查标准，其文字和语气相对于"释字第499号解释"温和许多，原因在于：一方面，此号"解释"为"合宪宣告"；另一方面，对于"修宪条文"之司法审查，多数"大法官"认为应谨慎注意"修宪者"与"释宪者"的角色分工，主张在例外时才介入审查，因而显示出更为谦抑自制的解释态度。[①]

也有学者对"释字第721号解释"提出质疑，认为其未对与5%政党门槛息息相关的政党机会平等予以足够的重视："本号'解释'多数意见明显是以个人平等权有无侵害作为审查之标的，而非重在'政党平等'，亦即并非以'小政党的平等权'作为审查对象。"[②] 如"理由书"所指，引进政党门槛目的在避免小党林立，政党体系零碎化，影响议事运作之效率，妨碍行政立法互动关系之顺畅，但"平等选举与政党机会平等乃重要前提，采取差别对待时，不得仅以理论上逻辑推演之可能性作为规范之依据，更应考量历史经验、不同议会运作具体条件及政治实务之差异。避免小党林立等理由，并不足以作为'合法化'差别待遇之理由，特别是在考量政党机会平等下，'违宪'之疑虑大增"。[③] 事实上，"释字第721号解释"出台之时，台湾地区已经历过第7届和第8届"立委"选举，"大法官"认为5%政党门槛"并未完全剥夺两大党以外政党获选之可能性"，或许是出于对第8届"立委"选举结果的观察：2012年第8届"立委"选举中，亲民党、"台联党"均获得少数议席。事实证明，在新选制下，小党仍有些许生存空间。

① 黄昭元：《2014年"宪法"发展回顾》，载《台大法学论丛》2015年第44卷。
② 萧文生：《百分之五政党门槛之"合宪性"——"司法院释字第721号解释"评析》，载《台湾法学杂志》2014年第252期。
③ 萧文生：《百分之五政党门槛之"合宪性"——"司法院释字第721号解释"评析》，载《台湾法学杂志》2014年第252期。

第五章　制度实践（三）：台湾地区司法机构与"府际"关系

台湾地区的地方制度经历了"地方自治纲要"时期、"自治二法"时期和"地方制度法"时期，"中央"与地方关系也经历了长时间的发展，地方自治不断地走向完善和成熟，在此过程中台湾地区司法机构通过作成"宪法解释"来对"府际"关系和地方制度产生影响。例如"释字第467号解释"和"释字第481号解释"分别对"台湾省"和"福建省"地位做出了确定，配合"精省工程"将台湾地区的省级建制在实质上废止，省制只留有形式。"释字第550号解释"基于"中央"与地方对"健保"费用的划分，台湾地区司法机构做出"解释"，对冲突进行了解决。"释字第553号解释"通过对"行政院"和台北市政府关系的协调，解决了"中央"与地方权限的划分和争端解决机制等问题。台湾地区司法机构在整个台湾地区"府际"关系和地方自治制度发展过程中扮演着重要角色，并在以后的发展中持续发挥重要作用。

第一节　台湾地区的地方制度

国民党退台后在台湾实行的地方制度区别于大陆，随着历史的发展，其地方制度也发生了巨大的变化，地方自治水平由"监护型自治"向"完全型自治"发生转变，地方自治的"法律"框架和理论体系也已经基本构建完善。

一、台湾地区地方制度的历史沿革

1949年国民党统治集团退据台湾，继续在台湾地区实施1946年南京国民政府国民大会颁布的"宪法"。1946年"宪法"中关于地方制度的规定是依据孙中山先生的地方自治思想所制定的，其地方自治思想主要体现在1946年"宪法"的两章中，即第10章"中央"与地方权限划分和第11章地方制度。依照"宪法"规定，省及省以下为地方自治团体，享有充分的自治权，同时"中央自治监督机关"对各地方自治团体实施监督。所谓"自治"是指"中央"与省、县权限由"宪法"明文列举划分，互不干涉，而省、县可以依据自治通则制定"自治法"，并自行选举产生"省、县议会"和行政机关，管辖本省、县。随着台湾地区政治局势发生变动，其地方制度也经历了巨大的变化，以多年来台湾地区运行的地方自治重要法规作为依据，可以将台湾地方制度变革的历史进程划分为以下几个时期：

（一）"地方自治纲要"时期

1950 年台湾地区"行政院"核准台湾省政府颁布实施"台湾省各县市实施地方自治纲要"（以下简称"地方自治纲要"），此纲要一直沿用至 1994 年 7 月"省县自治法"和"直辖市自治法"的公布。这一时期，台湾地区地方制度的运行并非依据 1946 年"宪法"，而是依据台湾省政府颁布实施的"地方自治纲要"。"地方自治纲要"从本质上属于行政命令，是将省以下的地方单位视为下级行政机关，而并非 1946 年"宪法"所规定的地方自治团体，此"中央"集权的模式也与 1946 年"宪法"中规定的"中央"与地方均衡分权自治的原则相抵触。[1] 由行政命令推行的地方自治缺乏确定性和"合法性"，存在着"违宪自治"的问题。[2] 另外，从"地方自治纲要"规定的内容上看，其仅仅只涉及县市乡镇自治，并未规定省一级的自治，省级自治并没有具体有关规定作为实施依据，所以省并不是具有法人资格的自治团体。省主席和省议员由上级委派并非民选，"省议会"也并没有罢免权和决议权而被虚化，省的地方自治定位非常模糊。所以这一时期台湾地区的地方自治制度还并不完善，自治范围只局限于县市一级，并存在着许多问题。

（二）"自治二法"时期

随着政治局势变动，截至 1994 年台湾地区已经出现了两次"修宪"，其中 1992 年颁布的第 2 个"宪法增修条文"中对地方自治制度重新做出了规定，"增修条文"第 17 条详细列举了省县自治须由有关规定所制定的内容，据此，"立法院"于 1994 年 7 月通过了"省县自治法"，另外也通过了依据 1946 年"宪法"第 118 条所制定的"直辖市自治法"，这两部"地方

---

① 参见周叶中、祝捷：《台湾地区"宪政改革"研究》，香港社会科学出版社有限公司 2007 年版，第 267 页。

② 参见王英津：《台湾地区政治体制分析》，九州出版社 2010 年版，第 275 页。

自治法"代替了之前"地方自治纲要"的实施，台湾地区地方自治制度自此进入了新的篇章。"省县自治法"和"直辖市自治法"的实施弥补了之前"地方实施纲要"时期省级自治的漏洞，明确规定了省及省以下的县、乡均为法人，而且 1994 年年底台湾省第一次省长民选也得以举办。虽然"自治二法"对各级地方自治权限的规定非常详尽，但其主要内容与"地方自治纲要"并无太大差别，只是将"地方自治纲要"进行了法制化。按照 1946 年"宪法"的规定，地方自治的根据应当是依据"宪法"制定的"省县自治通则"，而不是由"立法院"制定的"自治二法"，这实际上是将地方自治的"法律"地位降格，宪法"对于地方自治的保障无形中被弱化，地方自治的权限范围不是由"宪法"所决定，而是由"中央"所决定。① 总的来说，"自治二法"恢复了 1946 年"宪法"所规定的地方自治制度，但是"自治二法"实施并未长久就被"地方制度法"所替代。

（三）"地方制度法"时期

1996 年年底，国民党、民进党共同召开"发展会议"，对台湾地区地方制度的调整达成共识，其中精简省政府功能与组织成了第 4 次"修宪"的核心内容。1997 年台湾当局正式"修宪"，1998 年 10 月，"立法院"三读通过"台湾省政府功能业务与组织调整暂行条例"（以下简称"精省"条例），几乎同时台湾地区司法机构"大法官"做出了对省之地位判断的"宪法解释"，1999 年 1 月公布实施的"地方制度法"取代了"省县自治法"和"直辖市自治法"。台湾地方制度的有关规定的体系至此形成，"地方制度法""精省条例"和"大法官"做出的"释字 467 号解释"3 个主要的文件构成了台湾地方自治制度的新主干。② 以上 3 个主要的文件构成的地方制度"法律"体系仍沿用至今，台湾地区取消了省长和省议员的民选，并精简和裁撤了省政府机构，台湾地区司法机构"大法官"做出的"释字 467 号解释"确认了省不再是地方自治团体性质的公法人，省政府系"行政院"派出机构，负责监督县市自治事宜。台湾地区的地方自治层级由原来的"省、县（市）、乡（镇、市）"三级变为了"县（市、'直辖市'）、乡（镇、市）"两级。"自治二法"时期，"直辖市自治法"和"省县自治法"

---

① 参见王英津：《台湾地区政治体制分析》，九州出版社 2010 年版，第 277 页。

② 参见周叶中、祝捷：《台湾地区"宪政改革"研究》，香港社会科学出版社有限公司 2007 年版，第 278 页。

并列，但其中内容多有重叠。所谓台湾地区"地方制度法"将"直辖市"的"法律"定位予以明确，更加凸现"直辖市"的重要地位。县市的"法律"地位则得到显著提升，在"自治二法"时期，"省县自治法"以省为中心设计，县市为省属地方自治团体，受省指挥监督。"精省"之后，县市地位与"中央"更为接近，其地位也逐渐"直辖市化"，根据"地方制度法"的规定，"县市议会"的立法权限与"直辖市议会"的立法权限已无区别。

二、台湾地区地方自治理论

（一）"监护型地方自治"

台湾地区地方自治经历了"地方自治纲要"和"自治二法"时期之后，最终才由"地方制度法"将各级地方自治的权限划分清晰，各级地方的"法律"地位才得以明确确定。在"地方自治纲要"时期，"台湾省各县市实施地方自治纲要"虽然名为"地方自治"，但在实质上是将地方自治团体视为上级行政机关的下属机关，各地方自治团体办理自治事项和执行上级交办事物并重，自治事项虽多但没有实质性的自治权利，还需受到自治监督机关的严格监督。所以，台湾多数学者将此地方自治模式称为"监护型地方自治"。① "自治二法"也只是将"地方自治纲要"进行了法制化，其主要内容和"地方自治纲要"并没有太大的差别，所以"自治二法"也基本上是延续了"监护型地方自治"的模式。随着台湾地区地方制度的逐步发展，现在已经逐步发展为了"完全自治型"的自治模式，"宪法增修条文""地方制度法"和相关"大法官解释"所确立的地方自治"法律"体系，基本上明晰了"中央"与地方的治理权限，保障了各级地方的自治权利，地方自治才真正地得以完全实现。

（二）"制度保障说"

从地方自治的性质上分析，台湾地区有"固有权说""承认说""制度保障说"三种理论。根据1946年"宪法"及其"增修条文""地方制度法"和"司法院"的有关解释，台湾地区的地方自治采"制度保障说"，即"地方自治为'宪法'所保障之制度"。② 因此，地方自治区域乃整体"法

---

① 参见黄锦堂：《地方自治法制化问题之研究》，月旦出版社股份有限公司1995年版，第10页。

② 参见林谷蓉：《"中央"与地方权限冲突》，五南图书出版公司2005年版，第112页。

律”秩序之一环，地方行使自治职权须得依“中央”制定的有关规定为之。由于台湾地区“中央”与地方关系以“均衡主义”为指导，所以既未采取“中央列举”、剩余事项地方保留的美国式立法，也未采取地方列举、剩余事项“中央”保留的加拿大立法，而是采取“中央”与地方分别列举的立法。“中央”与地方的立法权限依 1946 年“宪法”和“地方制度法”之规定，划分为四个层次：第一，“中央”专属立法。第二，“中央”立法，地方执行并得补充性立法。第三，“中央”授权地方立法。第四，地方自治立法。该立法权限的划分是以 1946 年“宪法”中对“中央”专属事项、委办事项和地方自治事项的区分为依据，其对照关系如下表：

表 1　台湾地区规范制度权限

事项		立法权限
“中央”专属事项		“中央”专属立法
“中央”委办事项		“中央”立法、地方执行并得补充性立法
地方自治事项	法定自治事项	“中央”授权地方立法
	自愿办理事项	地方自治立法（狭义）

资料来源：周叶中、祝捷：《台湾地区“宪政改革”研究》，香港社会科学出版社有限公司 2007 年版，第 300 页。

第二节　台湾地区司法机构对“省”之地位的影响

台湾地区司法机构通过分别作成“释字第 467 号解释”和“释字第 581 号解释”，对“台湾省”和“福建省”的地位做出了确定，认定“台湾省”非地方自治团体性质之公法人，认定“福建省”为“辖区不完整之省”并非事实上能自治之省，这使得台湾地区的地方制度发生了巨大变化，省级建制名存实亡。

一、台湾地区司法机构对台湾省地位之影响：以“释字第 467 号解释”为例

（一）案情介绍

1998 年，第一届民选的“台湾省省长”以及“台湾省议会议员”任期届满在即，“立法院”就 1997 年“宪法增修条文”施行之后，“省”是否仍

然具有公法人资格怀有疑义,"立法委员"郝龙斌等 55 人遂声请台湾地区司法机构"大法官"解释"宪法",请求确认"省"是否是能够独立承担公法上权利义务关系的公法人。根据 1946 年"宪法"规定,省和县实行自治。1949 年后,国民党的实际管辖范围仅局限于台湾岛、澎湖列岛、金门马祖及其附属岛屿,1991 年台湾地区第 1 个"宪法增修条文"规定了"治权"及于所谓"自由地区",即上述实际管辖区域。1994 年 7 月,"立法院"根据 1992 年公布的第 2 个"宪法增修条文"通过了"省县自治法"和"直辖市自治法",再次确认了省是实施地方自治的公法人。1997 年 7 月 21 日公布的第 4 次"宪法增修条文",大幅调整岛内的"政权"组织形式和"省级制度",根据第 4 次"宪法增修条文"第 9 条的规定,"省设省政府,置委员九人,其中一人为主席,均由'行政院院长'提请'总统'任命之。省设省咨议会,置省咨议会议员若干人,由'行政院院长'提请'总统'任命之"。"省承'行政院'之命,监督县自治事项"。停止办理台湾省省长和台湾省"议会议员"的民选,至 1998 年 12 月 20 日,依选举产生的台湾省省长和"省议会"任期届满,将由"中央"委派的省政府主席和"省咨议会"所取代,省政府主席、副主席、省政府委员和"省咨议会议员"皆由"行政院院长"提请"总统"任命。这一系列的"精省"举措使得"省"的地位发生巨大变化,省级建制在台湾地区名存实亡,而台湾地区司法机构"大法官"做出的"宪法解释"同样也承认了"精省"的成效,更加直接地确认了省之地位。

"大法官"针对本案作成"释字第 467 号解释",认为自 1997 年"宪法增修条文"第 9 条施行之后,"省为地方制度层级之地位仍未丧失,唯不再有'宪法'规定之自治事项,亦不具备自主组织权,自非地方自治团体性质的公法人"。① "大法官"在"解释文"和"解释理由书"中认为,"中央"与地方权限划分是基于"宪法"或"宪法"特别授权之有关规定加以规范,凡是"宪法"上各级地域团体符合"享有就自治事项制定规章并执行之权限"与"具有自主组织权"两个条件,其方为地方自治团体性质的公法人。事实上是将"地方自治团体性质的公法人"的定义界定清晰,只有符合上述两个条件的团体才具有此资格。再将 1997 年公布施行的"宪法增修条文"的具体规定与前述两个条件进行比较,就直接推理出省是否具

---

① "释字第 467 号解释"之"解释文"。

有公法人地位的结论。依"宪法增修条文"之规定，多数"大法官"首先肯定，省级地方制度层级并未取消，省仍然设有省政府、省咨议会等组织机构，省仍然是一级地方层级。多数"大法官"又认为，"唯台湾省自一九九八年十二月二十一日起既不再有'宪法'规定之自治事项，亦不具备自主组织权，自非地方自治团体性质之公法人"。① 省政府之组织形态、权限范围、与"中央"及县的关系以及台湾省政府功能、业务与组织之调整，得以台湾地区有关规定为特别之规定，而非由省自主组织，省也没有"宪法"规定的自治事项，所以不再是地方自治团体性质的公法人。在台湾地区存在除了地方自治团体性质的公法人之外，还有其他公法人，即"其他依公法设立之团体，其成员资格之取得具有强制性，而有行使公权力之权能，且得为权利义务主体者，亦具有公法人地位"。② 台湾地区立法机关依据"宪法增修条文"之授权，在省仍为地方制度之层级前提下制定相关规定，而规定中未划归"中央"或县市等地方自治团体的事项，属省之权限，据此省可为权利义务主体，所以省虽非地方自治团体，但在"属省之权限且得为权利义务主体者"的限度内，具有其他公法人的资格。

（二）理论分析

"大法官"在"释字第 467 号解释"的"解释文"和"理由书"中，运用了"宪法规范"分析的模式。"宪法规范"模式由于案件性质各异呈现出不同样态，有两种子模式，其一为"权利条款＋权利限制原则"，其二为"宪法理论＋规范分析"。本案中，"大法官"采用的是"宪法理论＋规范分析"的模式。"释字第 467 号解释"的实质是"精省工程"的"合法性"，以及"精省"后台湾省的地位问题。"大法官"在"解释文"和"解释理由书"中并未触及实质问题，而是依靠构建"宪法"理论，结合"宪法增修条文"及其他有关规定，否定了台湾省的公法人地位。③ 多数意见所通过之"解释文"及"解释理由书"不察"制宪"之时代背景，亦无视"宪政"经验及法制层面已所形成之共识，复不采公法学上同时也是学术界所公认之"权利义务主体"之通说，在方法上亦未先建立强有力之理论构架，

---

① "释字第 467 号解释"之"解释理由书"。

② "释字第 467 号解释"之"解释理由书"。

③ 参见周叶中、祝捷：《我国台湾地区"司法院大法官"解释两岸关系的方法》，载《现代法学》2008 年第 1 期。

甚至未见一句说理，即蹦出"地方自治团体性质公法人所需的两项条件"，①
继而仅仅通过罗列"宪法增修条文"的具体条文，亦未见任何说理，即得
出了"台湾省非地方自治团体性质公法人"的结论。"释字第 467 号解释"
运用"宪法规范"模式，编造出一套毫无说服力的所谓"理论"，将"宪法
增修条文"中对台湾省建制的"调整"篡改为"废除"，②"按照'台独'
分子的意图，将'废省'法制化，'释字第 467 号解释'也因此成为调整台
湾地区省级建制的重要'法源'"。③"台独"分子想要"废省"的原因是因
为在国民党统治集团退台后逐渐形成了"一省两市"的格局，但台北和高
雄两个"直辖市"都很小，台湾省则涵盖了台湾地区大部分的人口和地域。
某些台湾学者和"台独"分子认为，台湾省和所谓"自由地区"的高度重
合，会造成台湾在国际上形象模糊。④ 所以，"台湾省"成了一些"台独"
分子的眼中钉、肉中刺，欲废之而后快。由于台湾省的地方自治团体地位和
其"政权"组织等由"精简"到"废止"，原属台湾省管辖的各县市与
"中央"关系拉近，地位也逐渐"直辖市化"，整个台湾地区的地方制度发
生了重大变革，逐渐地趋向于联邦体制。在"释字 467 号解释"的推动下，
"精省"工程没有任何障碍地施行，而"台独"分子则向"中华民国台湾
化"又进了一步。⑤

　　对于本案的"解释文"和"理由书"，"大法官"陈计男、林永谋各提出
"部分协同意见书"一份，孙森焱提出"协同意见书"一份，董翔飞联合施文
森、刘铁铮各提出"不同意见书"一份。在本案中，有两位"大法官"都采
用历史解释的方法，从历史角度出发进行分析，却分别发布了"协同意见书"
和"不同意见书"，对多数意见提出了异议。原因是这两位"大法官"所引
以为据的"历史"有所不同，同时他们也代表了台湾法学界两种不同的
"宪法"研究史观，分别是"以大陆为中心"和"以台湾为中心"。⑥ 持

---

① 参见"释字第 467 号解释""大法官"董翔飞、施文森之"不同意见书"。
② 参见"释字第 467 号解释""大法官"刘铁铮之"不同意见书"。
③ 周叶中、祝捷：《我国台湾地区"司法院大法官"解释两岸关系的方法》，载《现代法学》
2008 年第 1 期。
④ 参见叶俊荣：《"宪法"的上升与沉沦：六度"修宪"后的定位与走向》，载《政大法学评
论》第 69 期，2002 年。
⑤ 参见周叶中、祝捷：《台湾地区"宪政改革"研究》，香港社会科学出版有限公司 2007 年
版，第 39 页。
⑥ 参见周叶中、祝捷：《台湾地区"宪政改革"研究》，香港社会科学出版有限公司 2007 年
版，第 2 页。

“以台湾为中心”“宪法”史观的“大法官”孙森焱在“协同意见书”中依次分析日据时期的台湾总督府、光复过渡时期的台湾行政长官公署，还有“动员戡乱时期”的台湾省政府的地位、职权与功能，从而得出结论认为“台湾省政府具有‘中央’派出机关之性质”。①“大法官”董翔飞和施文森则“以大陆为中心”，以 1945 年“司法院”“院解字第 2990 号解释”相关之案例为依据，认为“当时抗战甫告终结，乡镇尚未实施地方自治”，但并未否认“乡镇为公法人”。并同样列举台湾省在“行宪”前后的组织职能，以说明法人地位与自治制度是不同性质的问题，进而否定多数意见，提出台湾省仍然为公法人的观点。②“以台湾为中心”的“宪法”史观是“去中国化”的表现，它意图将作为中国宪法史一部分的台湾“宪法”史从母体中分离出来，甚至将两者对立起来，赋予台湾“宪法”史特殊的政治内涵，最终走向“台独”，所以这一“宪法”史观也是“宪改台独”的学理基础，割裂了大陆和台湾的历史血脉联系。可见台湾地区司法机构“大法官”持有这样的“宪法”史观不仅会深刻影响到台湾省级建制的变革，还将对两岸关系的交往和发展产生负面作用。

二、台湾地区司法机构对“福建省”地位之影响：以“释字第 481 号解释”为例

（一）案情介绍

1996 年 6 月 7 日，“立法委员”陈清宝等 104 人联名向台湾地区司法机构声请“宪法解释”，声请解释内容为“福建省政府”组织规程不设“省议会”、未规定“省长省议员”民选，是否有违平等原则。“省县自治法”第 64 条中规定，“辖区不完整之省，其‘议会’与当局之组织，由‘行政院’另定之”，“立法委员”认为此立法原意是考虑“福建省”的政治现实，其组织编制势必无法比照台湾省政府及台湾省议会，遂授权“行政院”就其规模订之，但并未规定不予设置“省议会、民选省长”。“行政院”片面解释并扭曲原始立法精神，不设“省议会、民选省长”，剥夺了“福建省民”自治权，违反“宪法”和“省县自治法”的授权精神，遂提请“大法官”

---

① 参见“释字第 467 号解释”“大法官”孙森焱之“协同意见书”。
② 参见“释字第 467 号解释”“大法官”董翔飞、施文森之“不同意见书”。

解释。①"大法官"针对本案作成"释字第 481 号解释",认定 1992 年"宪法增修条文"第 17 条第 1 款、第 3 款规定的"省设省议会及省政府,省置省长一人,省议员与省长分别由选民选举之"是适用于"事实上能自治之省"。而依"宪法"授权而制定的"省县自治法"第 64 条规定,"辖区不完整之省,其议会与行政机关之组织,由'行政院'另定之"。"大法官"认为"行政院"制定的"福建省政府组织规程"未规定由人民选举"省长"及"省议会议员","乃斟酌'福建省'之特殊情况所为之规定,为事实上所必需,符合授权之意旨"。②"大法官"刘铁铮提出"不同意见书"一份。

(二) 理论分析

根据"解释文"和"解释理由书","大法官"依然沿用了"宪法理论＋规范分析"的方法,首先根据 1992 年"宪法增修条文"第 17 条之规定,简单粗暴地推理出"事实上能实施自治之省"才是其规范对象,并无任何说理。"大法官"将"事实上能实施自治之省"与"辖区完整之省"相等同,也并未对"辖区不完整之省"做出解释,而是认为"将辖区特殊之省组织授权'行政院'以行政命令方式订定之,系因考虑其辖区之事实情况,尚无依'宪法'实施省自治之必要"。③ 这和"发生重大变故"模式的手法颇为相似,例如"释字第 242 号解释"针对赴台人员重婚问题,认为"唯遭遇重大变故,在夫妻隔离,相聚无期之情况下发生之重婚事件,与一般重婚事件究有不同",据此认定 1949 年后赴台人员在台婚姻"合法"。④ 有所区别的是本案中"大法官"采用的是"宪法"规范分析的模式,先以"宪法"文本为依据,认定"事实上能实施自治之省"才能"设省议会及省政府,省议员与省长分别由省民选举",继而推断出"省县自治法"第 64 条"辖区不完整之省"不属于"事实上能实施自治之省",遂"行政院"依"省县自治法"制定的"福建省政府组织规程"未规定"省议员""省长"民选并不"违宪"。此外,"大法官"还在此案中运用了实质平等理论,实质意义上的平等,系指具有"正当性"、为"法律"所允许的差别对待。⑤

"大法官"在"解释理由书"中认为，"'宪法'上之平等原则……并不禁止'法律'依事物之性质，就事实状况之差异而为合理之不同规范"，因"福建省"管辖的范围和人口数目相比之前小了很多，公共事务也相应简化，所以其组织精简，不由人民选举"省长、省议员"也是合理规定。

　　较之台湾省在 1997 年"宪政改革"和"精省"工程后才被虚级化，"福建省"地位则早已被虚置，"福建省政府"机构的存在纯粹是为了衬托台湾当局所谓"中央"的需要而虚设。1956 年台湾当局为适应战时需要，统一战地军政指挥，实施金门、马祖地区"战地政务实验办法"，令"省政府"移驻台湾省台北县新店镇办公，并予以虚级化，负责研究有关"收复福建地区之重建计划方案及对大陆福建地区广播、闽侨联系、人才储备与不属战地政务之一般省政工作"。"福建省"下设的金门县、"连江县"分属金门防卫司令部和马祖防卫司令部，金门县县长、"连江县县长"均由军方指派军人出任。金马地区实行战地政务直到 1992 年才结束，次年金门县县长、"连江县县长"民选，但"福建省政府"仍然在台湾岛办公。1996 年"福建省政府"迁回金门县，维持其精简化之编制，设"省政府委员会"，"委员、主席"皆由"行政院院长"提请"总统"任命，但依旧不设"省议会"。1997 年"宪政改革"和"地方制度法"的颁布对省级机关组织虽有重大变革，但是"福建省"被认为是"辖区特殊之省"，其地位不受影响，仍然延续其组织编制。① 按照"释字第 481 号解释""解释文"和"解释理由书"的意旨，辖区完整之"福建省"包括了大陆地区福建省的一部分和台湾当局管辖的一部分，可以映射出"大法官"承认大陆地区和台湾地区同属"一个中国"。"大法官"刘铁铮在"不同意见书"中认为"省县管辖范围有大有小，人口亦多亦少，均不影响其地位"，进而认定不存在所谓"辖区不完整之省"，而他在"不同意见书"中使用"自由地区之'福建省'"，认为其是区别于"大陆地区之福建省"的另一"福建省"，该"大法官"的观点有分裂"福建省"的嫌疑。② 但是"大法官"多数意见为了配合"精省"工程，还是认定"福建省"几乎没有自治事项，"福建省政府组织规程"未规定"省长省议员"民选也并不"违宪"，这使得台湾地区省

---

　　①　参见"释字第 481 号解释"之"解释理由书"。
　　②　参见周叶中，祝捷：《台湾地区"宪政改革"研究》，香港社会科学出版有限公司 2007 年版，第 283 页。

制完全虚级化。省这一地方层级被完全解构，避免了省与当局概念的模糊，而"释字第481号解释"正是这一过程的有力推动者。

第三节 台湾地区司法机构对"府际"关系的影响

台湾地区司法机构作成"宪法解释"不仅仅只对地方制度中的省级制度产生影响，而且对台湾地区"府际"关系也产生巨大影响，"府际"关系即"中央"与地方关系，所涉及的问题中最重要的是"中央"与地方关系的冲突以及解决机制。台湾地区频繁进行"宪政改革"以及地方自治法制化和"精省工程"之后，"中央"与地方关系的走向变得更为复杂，台湾地区司法机构通过"解释宪法"，对"中央"与地方的财政划分和治理权限进行明晰，如"释字第550号解释"和"释字第553号解释"。

一、台湾地区司法机构对"中央"与地方财政划分的影响：以"释字第550号解释"为例

（一）案情介绍

2002年，台北市政府认为"健康保险法"第27条第1款第1、2目及第2、3、5款关于一定比例保险费由"直辖市"有关部门补助之规定与"宪法"相抵触，违反了财政支出划分的基本原理，明显侵害地方自治团体的自主财政权，且违反了"宪法"保障地方自治制度设计之精神，遂声请"大法官"解释。① 声请人认为"宪法增修条文"第10条第5项规定"应推行健康保险……"，应解释为"其他依本'宪法'所定关于'中央'事项"，应属"由'中央'立法并执行之"的事项，而非地方自治事项之范畴。根据"健康保险法"第1条立法目的，第3条以"中央"卫生主管机关为本规则主管机关以及第6条保险人为"中央"健康保险局等，可知健康保险确实是由"中央"立法并执行的事项。作为"中央"与地方财政划分基本规范的"财政收支划分法"第37条第1项规定了"由'中央'立法并执行者，其支出归'中央'"，而"地方制度法"第70条第1项也规定了"'中央'不得将应自行负担之经费，转嫁予地方自治团体"，所以声请人认为"立法者逾越'宪法'委托而自行授权'中央'得以'中央'立法任意

---

① 参见"释字第550号解释"之"释宪"之"声请书"。

要求地方负担'中央'支出之规定"将导致地方的自主财政权遭受侵害，明显悖离了"宪法"保障地方自治之精神。"宪法"第155条、第157条规定，应推行健康保险，重视社会救助、福利服务、社会保险及医疗保健等社会福利工作，而"大法官"也并未否认"健康保险法"系属"中央"立法并执行之事项，有关执行健康保险制度之行政经费也固应由"中央"负担，而认定本案的争执点在"健康保险法"第27条责由地方自治团体补助之保险费，并非实施"健康保险法"之执行费用，而是指"保险对象获取保障之对价，除由雇主负担及'中央'补助部分保险费外，地方予以补助"，这符合"宪法"要求由"中央"与地方共同建立社会安全制度之意旨。

（二）理论分析

"地方高权"是台湾学界移植德国公法学的一个概念，是指地方自治团体基于公权力主体而来，同时亦因地方自治团体须以自己的责任进行地方事务而必须享有的一定公权力。① 地方高权至少包括组织权、人事权、税收及财政自治权、规划权和自治规章制定权。"地方制度法"中专章规定了地方财政自治的内容，地方自治团体"议会"均享有制定预算案、审查决算案的权力，自治地方有权支配其地方财政。"大法官"在"解释文"中指出："地方自治团体之财政自治权固有'法律保留原则'之适用，但于不侵害其自主权核心领域之限度内，基于整体施政之需要，对地方负有协助义务之健康保险事项，'中央'依据'法律'使地方分担保险费之补助，尚非'宪法'所不许。"② 前述所谓核心领域之侵害，大概是指不得侵害地方自治团体自主权之本质内容，致地方自治团体之制度保障虚有化，诸如"中央"代替地方编制预算或将与地方职掌全然无关之"外交""国防"等事务之经费支出，规定由地方负担等情形而言。③ 各地方自治团体尚有办理卫生、慈善公益事项等照顾其行政区域内居民生活之责任。最终"大法官"将健康保险费用的负担认定为"中央"与地方共同管理的事务，④ 将之称为"地方负有协力义务之事项"。"中央"制定有关规定并规定其实施须由地方负担

---

① 参见李惠宗：《宪法要义》，元照出版社2001年版，第623页。

② "释字第550号解释"之"解释文"。

③ 参见廖钦福、王劲力：《台湾地区2012年"财政收支划分法"修正草案之立法借镜与展望》（上），载《交大法学》2014年第1期。

④ 参见蔡茂寅：《论"中央"与地方权限划分问题》，载《月旦法学杂志》2003年第2期，第39页。

经费者，于该规定制定过程中应与地方充分参与，除于草拟有关规定时应与地方协商外，并应于立法程序中给予地方人员列席表示意见之机会。① 但由"释字第550号解释"仍有4份"不同意见书"（含3份"部分不同意见书"）可以看出，台湾地区"中央"与地方的财政责任划分争议十分激烈。"释字第550号解释"并没有就保费额度和范围进行说明，而"中央"与地方也未就此进行商议，因此在此"解释"作成之后，台北市政府与"中央""健保局""劳保局"就健保费、劳保费的分担额度争议继续进行了行政诉讼，而行政判决最终也并未完全解决此问题。

二、台湾地区司法机构协调"中央"与地方关系：以"释字第553号解释"为例

（一）案情介绍

"地方制度法"颁布不久，就发生了台北市里长延选案，该案拷问了台湾地区脆弱的"中央"与地方协调机制，台北市政府不得不通过声请台湾地区司法机构"大法官""释宪"的途径解决，有学者评论，本案及"释字第553号解释"对于台湾地区地方自治的发展具有指标性意义。② 2002年4月4日，台北市公布"台北市行政区划及里邻编组自治条例"。依该"自治条例"，台北市里邻区域将有重大变动，因此台北市政府决定先调整里区域，后办理里长选举，遂根据"地方制度法"第83条第1项和第3项，以"特殊事故"为由拟延后选举。"内政部"认为本案并不符合"地方制度法"之"特殊事故"要件，多次函告台北市政府撤销该决定未果，遂报请"行政院"撤销台北市的决定。2005年5月2日，"行政院"采纳"内政部"的意见，撤销了台北市延选里长的决定。台北市政府不服，向台湾地区司法机构提交了"解释有无违法声请书""统一解释声请书""解释宪法声请书"，向"大法官"声请"释宪"，并对"地方制度法"第83条所谓"特殊事故"一词的含义声请"统一解释"。台湾地区司法机构"大法官"依台湾地区"地方制度法"第75条第8项受理本案，并于2002年12月20日作成"释字第553号解释"。本案件事关"修宪"及"地方制度法"制定后，地方与"中央"权限划分及纷争解决机制之厘清与确立，非纯属机关

---

① 参见"释字第550号解释"之"解释文"。
② 林谷蓉：《"中央"与地方权限冲突》，五南图书出版公司2005年版，第424页。

争议或法规解释之问题，亦涉及"宪法"层次之民主政治运作基本原则与地方自治权限之交错，所以非常之重要。①

（二）理论分析

"大法官"在"解释文"和"解释理由书"中认为本案的关键争点主要有三个：其一，里长延选是否属于地方自治事务；其二，不确定之"法律"概念如何解释；其三，"中央"自治监督机关对地方自治事项干预的界限为何。② 首先，台北市政府决定里长延选是否属于自治事务。此项争议双方并无太大争议，争辩之处在于台北市政府决定里长延选的行为是否违反民主原则。根据"地方制度法"，"里"不是自治团体，仅为地方自治团体之一区域，里长虽为里民选举产生，但既无财权又无人事权，且须在区长指挥监督下执行有关事项，与民选的公职人员区别较大。因台北"直辖市"为"宪法"第 180 条所保障实施地方自治之团体，台北市政府就其辖区内事项做出规定，应属地方自治事务。第二，不确定之"法律"概念如何解释。里长延选虽属地方自治事项，但"地方制度法"第 83 条明确规定了里长延选的事由，地方自治团体应予遵守，对此台北市政府并无异议。其主要争辩之处在于"特殊事故"为不确定之"法律"概念，解释者是地方自治团体还是自治监督机关？台北市政府主张："地方就自治事项领域，自得解释、适用、执行自治法规。""地方自治团体就地方自治事项之政策规划及执行，自负成败责任。"③ 而有学者认为，地方自治权仅包括立法权和行政权，不包括司法权、监察权和考试权，法院自然享有对有关规定适用的解释权，不仅如此，由于自治监督机关监督地方享有自治团体自治事务的职权，自治监督机关亦享有解释权。④ "大法官"在"解释文"中认定，"上开法条使用不确定'法律'概念，即系赋予该行政机关相当程度之判断余地"，⑤ 承认自治监督机关享有其解释权。第三，"中央"自治监督机关对地方自治事项干预的界限为何。"大法官"在"解释文"中指出，"上级监督机关为适法性监督之际，固应尊重该地方自治团体所谓'合法性'之判断，但如其判

---

① 参见"释字第 553 号解释"之"解释文"。

② 蔡秀卿：《台北市里长延选事件与地方自治》，载蔡秀卿著：《地方自治法理论》，学林文化事业有限公司 2003 年版。

③ "释字第 553 号解释"之台北市政府"统一解释声请书"。

④ 参见陈淑芬：《"中央"与地方因地方自治监督所生之争议——评"司法院大法官释字第553 号解释"》，载《月旦法学杂志》第 98 期，2003 年。

⑤ "释字第 553 号解释"之"解释文"。

断有恣意滥用及其他'违法'情事，上级监督机关尚非不得依法撤销或变更"。按照"解释文"的意旨，自治监督机关审查自治事项应充分尊重地方自治团体，采取"合法性"审查原则，而委办事项则可兼采"合法性"审查原则和合目的性审查原则，而"大法官"在"解释理由书"中也提出了审查密度的参考。本案属自治事项，而非委办事项，故自治监督机关仅应采取"合法性"监督。

"释字第 553 号解释"除"多数意见书"外，还有 4 份"协同意见书"和 3 份"不同意见书"。"大法官"尽管受理了本案，但最终并未能就争议做出最后解决。"解释文"指出："'宪法'设立'释宪'制度之本旨，系授予'释宪'机关从事规范审查，除由'大法官'组成之'宪法'法庭审理政党'违宪'解散事项外，尚不及于具体处分行为'违宪'或'违法'之审理。本件涉及'中央'法规适用在地方自治事项时具体个案之事实认定、'法律解释'，属于有法效性之意思表示，系行政处分，台北市政府有所不服，乃属与'中央'监督机关间公法上之争议……该争议之解决，自应循行政诉讼程序处理。"① 尽管无助于争议的解决，但"释字第 553 号解释"对于台湾地区自治制度，尤其对"中央"与地方关系的协调机制具有重大影响，确认了地方自治团体对于自治监督机关侵犯其自治权的争议应通过诉愿或行政诉讼寻求救济，根据台湾地区"行政诉讼法"第 2 条规定，"公法"上之争议除特别有规定外得依"行政诉讼法"提起行政诉讼，第 22 条规定，包括地方机关在内的主体具有当事人能力，但是，对于地方自治团体能否提起行政诉讼却没有直接规定，而"大法官解释"确认了地方自治团体的行政诉讼原告资格，改变了之前由"释字第 527 号解释"所认定的，地方自治团体由其行政机关代表依规定提起行政诉讼。"释字第 527 号解释"为台湾地区司法机构介入"中央"与地方关系争议的解决提供了示范，该"解释"提出了台湾地区司法机构受理相关争议的前提条件，"应限于上级主管机关之处分行为已涉及办理自治事项所依据之自治法规因违法上位规范而生效力问题"。② "释字第 553 号解释"受理了台北市政府提起的里长延选案件，在程序上肯定了台湾地区司法机构对于"中央"与地方权限争议的介入机制。另外，"释字第 553 号解释"强调了自治监督机关对地

①　"释字第 553 号解释"之"解释文"。
②　参见"释字第 527 号解释"之"解释文"及"解释理由书"。

方自治事项应采"合法性"审查，对委办事项兼采"合法性"审查和合目的性审查。而对"中央"与地方权限的冲突与协调，"大法官"通过该"解释"指出了"地方制度法"中自治监督制度的缺憾，如缺乏自治监督机关和地方自治团体之间的沟通协调机制等。① 虽然"释字第 553 号解释"和"释字第 550 号解释"一样，都是在"地方制度法"颁布之后，地方自治团体行政首长和"中央"层级领导人相继发生"政党轮替"或者互换之时发生，党派政治在其中影响巨大，蓝绿对抗的背景十分明显。台湾地区"中央"与地方关系，或称"府际"关系发生严重冲突的重要原因在于当时"宪政改革"的杂乱与幼稚，"地方制度法"刚刚颁布，地方各级以及"中央"与地方的权限以及冲突解决机制并未完全成熟确定，所以台湾地区司法机构"大法官"解释"宪法"在其中扮演了十分重要的角色，在一定程度上明确了争议点，并起到了推动"府际"关系和谐发展的作用。

---

① 参见周叶中、祝捷：《台湾地区"宪政改革"研究》，香港社会科学出版社有限公司 2007 年版，第 296 页。

第六章 未来发展："政党轮替常态化"背景下的台湾地区司法机构

台湾地区的政党政治决定了"政党轮替常态化"是一种必然的趋势。国民党和民进党，或者其他政党，在台湾地区轮流执政的可能性极大。由于台湾地区各政党对于一个中国原则和两岸关系和平发展还存在不同的认知，因而执政权的更替对于两岸关系而言，有着不可预估的重大影响。在"政党轮替常态化"的背景下，台湾地区执政当局的"一中"立场和两岸政策实际上处于变动不居的状态，如何在这一背景下应对风云莫测的两岸局势，始终坚持一个中国原则和两岸关系和平发展的总体方向不动摇，既需要政治智慧，也需要法律智慧。如之前各章所述，台湾地区司法机构作为台湾地区职司"宪法解释"的司法机构，具有特殊的政治功能和影响力，已经对两岸关系、台湾地区的权力结构、"府际"关系等产生了深远影响。在"政党轮替常态化"的背景下，台湾地区司法机构的作用仍然不可轻视。本章将在之前各章论述的基础上，对"政党轮替常态化"背景下的台湾地区司法机构及其政治功能进行论述。

第一节 "政党轮替"与台湾地区司法机构

虽然至今已经无法考证"政党轮替"一词的最早出处，但"政党轮替"一词已经成为岛内政界、学界和舆论共同使用和广泛认同的政治用语。陈水扁、马英九两名台湾地区领导人在各自第一个就职演说时，都使用了"政党轮替"的表述。随着两岸交往的深入，"政党轮替"一词也逐渐为大陆方面所接受和使用，成为两岸共同的政治用语。尽管"政党轮替"作为一种表述已经被公认，但是对于"政党轮替"的内涵还没有获得充分讨论，而台湾地区司法机构这一台湾地区重要的权力分支在"政党轮替"中的地位与作用，也相应地没有完全厘清。因此，研究"政党轮替常态化"背景下的台湾地区司法机构，有必要对"政党轮替"的含义以及台湾地区司法机构在"政党轮替"中的地位与作用进行讨论。

一、"政党轮替"及其常态化趋势

1986 年,长期游离于台湾地区体制之外的"党外"运动群体在台北圆山饭店组党成功,即今日的民进党。1987 年,台湾地区结束长达 40 年的"解严",开放"党禁",允许在国民党之外成立新的政党。民进党组党成功和台湾当局开放"党禁",表明台湾地区进入了政党政治时期。从理论上而言,此时台湾地区已经具备了"政党轮替"的可能。2000 年 3 月,民进党籍候选人陈水扁成功当选台湾地区领导人,实现了台湾地区的第一次"政党轮替"。从陈水扁当选为台湾地区领导人起,台湾地区的执政权就不再专属于某一特定的政党。民进党能够获得执政权,国民党也有可能重获执政权。果然在 8 年后,国民党籍候选人马英九当选为台湾地区领导人,实现了台湾地区的第二次"政党轮替"。马英九在 2008 年 5 月 20 日的就职典礼讲话中,专门强调台湾地区第二次"政党轮替"的意义。

然而,8 年后的 2016 年,台湾地区第三次出现"政党轮替",民进党籍候选人蔡英文当选为台湾地区领导人。台湾地区"政党轮替"不仅在理论和实践层面已经获得证立,而且出现了"常态化"的趋势。"政党轮替"的概念,无论是在大陆还是台湾地区,都未获得精确解析。两岸各界对于这个概念,都按照一种约定俗成的方式使用。"政党轮替"作为台湾政治的一个关键性概念,理应获得理论上的解析。本书对于"政党轮替"概念的解析,主要基于对"政党轮替"的构词法分析,即将"政党轮替"拆分为"政党""轮""替"三个关键词,从三个方面分析"政党轮替"的概念及其"常态化"趋势的可能性。

第一,"政党轮替"的主体是台湾地区的政党。由于"台湾地区执政权'政党轮替'"这一表述的大量运用,导致"政党轮替"的主体常常被认为是台湾地区的执政权。事实上,台湾地区的执政权是被"替"的对象,而非主体,"政党轮替"的主体应当是台湾地区的政党。政党是承载政治人物选举的组织,不同的政治人物归属于不同的政党,而不同的政党也容纳不同的政治人物,政治人物依托政党在选举中争夺公共职位。由于政治人物观点和选民各自利益的多元性和对立性,台湾地区已经不可能出现唯一政党,多元对立的政党容纳着多元对立的政治人物,也代表着多元对立的选民利益。台湾地区存在多元对立的政党格局,是出现"政党轮替"的基础,而这种多元对立的政党格局会在相当长的一段时期内存在，构成了"政党轮替常态化"的基础。

第二，"政党轮替"的核心是政党"轮流"获得执政权。"政党轮替"是选举政治的必然规律。选举是产生公共职位的关键途径。选民则根据政党和政治人物的政治观点进行选择，获得多数选民选择的政党和政治人物即获得相应的公共职位。然而，选民的偏好并不是一成不变的，而政党和政治人物的表现也会影响选民的选择，因此，选民在不同的时间点上会出现"分立投票"的现象。在选举中，执政党可能败选，而在野党可能胜选，从而实现"政党轮替"。由于选民偏好的多变性，上述政治过程并非是偶发的，而是呈现出往复循环的样态，从而出现"政党轮替"及其"常态化"的现象。

第三，"政党轮替"所"替"的对象是台湾地区的行政权。台湾地区采取"以权能区分为形骸，以权力分立为实质"的权力结构。① 除开已经被边缘化的考试权和监察权，立法权、行政权和司法权共同构成台湾地区权力结构的主干。三权之间既有明确分工，也有相互制约，有着各自的特点：其一，立法权归"立法院"所有，"立法院"每四年改选一次；其二，行政权归台湾地区领导人所有，与"立法院"选举同步；其三，司法权归台湾地区司法机构所有，台湾地区司法机构"大法官"任期8年，不受"立法院"和台湾地区领导人选举的影响。历史地考察台湾地区历次"政党轮替"，均以行政权即台湾地区领导人的政党背景的更替为标准。立法权在2016年前长期被国民党控制，未出现民进党（"泛绿"阵营）占据"立法院"多数席次的现象。即便如此，"政党轮替"的用语还是被使用于台湾政坛。由此可见，从政治实践来看，所谓"政党轮替"实际上指的是台湾地区领导人（行政权）的更替，② 而与立法权和司法权无涉。

总而言之，台湾地区"政党轮替"是台湾地区行政权在不同政党之间的更替。"政党轮替"及其常态化趋势，是台湾地区政治制度发展的必然，也是政党政治和选举政治的一般规律所致。对于台湾地区"政党轮替常态化"的政治现象，必然对两岸关系产生影响，但由于台湾地区权力机构呈

---

① 李惠宗：《"组织法"的"宪法"解释》，载《台大法学论丛》1997年第4期。
② 当然，2016年台湾地区"二合一"选举后，民进党同时获得领导人职位和"立法院"过半数议席，蔡英文在发表"胜选"感言时，将此称之为立法和行政同时"政党轮替"，对于蔡英文的这一提法，本书认为并未影响以行政权的更替判断"政党轮替"这一标准。

现出多元制约的状态，行政权仅是居于主导地位的权力，立法权和司法权均能对行政权形成有效制约。因此，在研究台湾地区政治现象时，没有必要因"政党轮替"及其"常态化"而担忧，而是应当积极借助台湾地区权力结构内部的制约关系，防止部分政党采取极端政策。立基于这一思考，台湾地区司法机构在台湾地区"政党轮替常态化"趋势之下的地位，也就显然尤为重要了。

二、台湾地区司法机构在"政党轮替"中的超然地位

台湾地区司法机构在"政党轮替"中处于相对超然的地位，在人员组成上不受"政党轮替"的影响。这也就保证了司法权能够在"政党轮替"的关键时期保持一定的独立性和延续性。台湾地区司法机构在"政党轮替"中的超然地位，也是台湾地区司法机构能够在台湾地区持续发挥政治影响力，以及对行政权和立法权形成制约和牵制的重要原因。在"政党轮替"中，台湾地区司法机构能够保持"超然地位"的原因主要有：

第一，台湾地区司法机构任期与台湾地区领导人和"立法院"民意代表的选举并不同步。根据台湾地区"宪法增修条文"的规定，台湾地区领导人和"立法院"民意代表的任期为每届4年，领导人可以连任一次，民意代表连任无限制，而台湾地区司法机构"大法官"任期8年且不得连任。在第六次"宪政改革"后，"大法官"不再分届次，而是采取"大法官"任期期满后个别退职的制度，因此，一届"大法官"至少能够跨越2个领导人任期。在领导人发生"政党轮替"后，"大法官"并不随之退职，因而造成台湾地区司法机构"大法官"与领导人、"立法院"并不同步的现象。由此产生上一任领导人任命的"大法官"在这一任领导人上任后继续任职的现象。由于台湾地区司法机构"大法官"的产生由领导人主导，而领导人的政治取向是其选任"大法官"的重要依据，所以领导人所选任的"大法官"与其政治取向比较接近。相应的，"大法官"也就与"政党轮替"后领导人的政治取向有所疏离，从而形塑了台湾地区司法机构的"超然地位"。

第二，台湾地区司法机构所掌理的司法权具有消极性和中立性的特点。司法权的消极性和中立性，要求司法权不主动介入具体个案，采取"不告不理"的原则，而在裁判案件时，应当公正、中立，遵循"不偏不倚"的

原则。① 司法权的消极性和中立性都决定了台湾地区司法机构不可能主动介入政治纷争，即便是遵循程序介入政治，至少在表面上要体现出中立性。为保证台湾地区司法机构的消极性和中立性，台湾地区相关规定要求"大法官"不得参与政党活动，这一规定保障了台湾地区司法机构尽管受到"政党轮替"的影响，但相对于立法机构和行政机构而言，"政党轮替"对于台湾地区司法机构的影响并不是直接的，而是更多体现出间接性的特点。因此，台湾地区司法机构以其消极性和中立性，得以在一定程度上抵消"政党轮替"的冲击效应，从而体现出超然性。

第三，司法权"遵循先例"的裁判原则，决定了台湾地区司法机构的行为受到前序裁判的影响，而不随其他权力机构的变化而发生变化。尽管台湾地区在技术上属于大陆法系，但司法权的特点决定了台湾地区司法机构"大法官"在案件审判中，仍受到"遵循先例"裁判原则的限制。尽管在大陆法系的立场上，"遵循先例"并非意味着前序裁判具有较强的法规范意义，是法律渊源之一，但对于前序判决的尊重依然是必要的。因此，台湾地区司法机构"大法官"对于前序裁判一般采取尊重和遵守的态度，"大法官解释"的"解释文"和"解释理由书"对于前序裁判的引用已成惯例。对于前序裁判的这种尊重和遵守的态度，也决定了台湾地区司法机构裁判行为的相对连续性，出现因执政党更替而发生强烈政治态度变化的可能性较小。

第四，台湾地区司法机构的"大法官"的"贵族"特性决定了其与政治保持一定距离。托克维尔在《论美国的民主》一书中，提出司法权是对抗"多数人暴政"的最佳途径，因为司法权是三权之中最具贵族政体因素的权力分支。② 在台湾地区，司法权的消极性、中立性以及为保证司法独立性而赋予法官的特殊保障，使得法官在一定程度上成为与政治和民众保持一定距离的"贵族化群体"。③ "大法官"的"贵族"特性，实际上成为其与政治保持距离的外在约束。尽管"大法官"不可能完全自外于政治，也会受到政治的影响。"大法官"在表面上不能随政治之波逐流，而是相对于政治保持足够的独立性。同时，就台湾地区的具体情况而言，相当一部分"大法官"出身学界，知识阶层的"清高"和"自命不凡"为台湾地区司

① 陈慈阳：《宪法学》，元照出版社 2005 年版，第 106 页。
② ［美］托克维尔：《论美国的民主》，董国良译，商务印书馆 1997 年版，第 309 页。
③ 黄昭元：《司法违宪审查的正当性争议》，载《台大法学论丛》2003 年第 6 期。

法机构"大法官"的"贵族"特性增加了新的内涵。学界出身的"大法官"，不仅在内心里不屑于甚至鄙夷与政治人物发生过密的联系，而且在外在行为上也自觉地与政治保持距离，以维护学者的清高形象。学界所构成的学术共同体，也形成具有"自闭性"特点的学术规范和学术传承，对学界出身的"大法官"形成制约和限制。正是因为如此，"政党轮替"虽对台湾地区政治局势影响甚巨，台湾地区司法机构却往往能够自外于此，而保持其超然性。

台湾地区司法机构的超然地位，并不意味着台湾地区司法机构不介入政治或者与政治绝缘，相反，正是由于"司法权"的超然地位，使之能够在"政党轮替"后扮演更加重要的角色。从台湾地区的政治实践来看，"政党轮替"的周期是 8 年，正好是"大法官"的一个完整任期，这就意味着大部分由"政党轮替"前的领导人任命的"大法官"，任期能够延续至"政党轮替"之后，从而保证了被轮替的政党能够透过"大法官"保持政治影响力。当然，由于台湾地区司法机构的超然地位，"大法官"所保持的政治影响力并不体现在具体的组织人事方面，而是体现在政治理念方面。在台湾地区司法机构的制约下，台湾地区领导人和"立法院"的任何政策、立法和行政措施，都可能受到台湾地区司法机构"大法官"的"合宪性"审查，即便这种审查并不是由台湾地区司法机构"大法官"主动为之。然而，在台湾地区错综复杂的政治局势中，台湾地区司法机构"大法官"会成为一把"达摩克利斯之剑"，悬挂于各权力机构和政治人物的头顶，对政治权力形成潜在的制约。相应的，各权力机构和政治人物在形成政治决断或做出相应行为（如立法、决策等）时，也必须考量台湾地区司法机构的制约作用。据此，台湾地区司法机构实际上通过"大法官解释"制度成了台湾地区政治局势的制动阀。

三、台湾地区司法机构超然地位的相对性

根据台湾地区现行规定和台湾地区的政治实践，台湾地区司法机构尽管有着超然于立法、行政和政党之外的地位，不直接受台湾地区"政党轮替"的影响，但这种超然性并不是绝对的，而是具有相对性。台湾地区司法机构超然地位的相对性主要来自于三个方面。

第一，台湾地区司法机构"大法官"的人事权仍系于台湾地区领导人和立法机构。根据台湾地区"宪法增修条文"第 5 条的规定，台湾地区司

法机构"大法官"由领导人提名，经立法机构同意后任命。台湾地区领导人和立法机构尽管不能随意更换台湾地区司法机构"大法官"，但仍在最终意义上掌握着台湾地区司法机构的人事权。领导人在提名"大法官"人选时，必然考虑被提名人选的政治偏好，选择与自己政治偏好比较接近的人士作为被提名人选。同时，台湾地区司法机构"大法官"并非如美国最高法院大法官一般终身任职，而是采取德国联邦宪法法院法官任期的立法例，任期8年并不得连任，① 身兼台湾地区司法机构正、副负责人的"大法官"没有任期保障。因此，在理论上，当台湾地区发生"政党轮替"后，新任领导人至少可以任命两名"大法官"（台湾地区司法机构正、副负责人）。随着时间的推移，前任领导人任命的"大法官"将渐次退任，新任领导人能够借此机会任命与自己政治偏好接近的新"大法官"，从而实现台湾地区司法机构"大法官"的替换。在此意义上，台湾地区司法机构"大法官"并非不会发生"政党轮替"，而是发生"政党轮替"的方式与领导人、立法机构不尽相同。如果说后两者的"政党轮替"是即时性、直接性和显性的，那么台湾地区司法机构"大法官"的"政党轮替"则具有滞后性、间接性和隐性的特点。

第二，台湾地区司法机构"大法官"并不是完全与政治隔离，仍要受到较大的政治压力，外在政治压力亦有可能削弱台湾地区司法机构"大法官"的超然地位。在台湾地区政治实践中，台湾地区司法机构"大法官"实际上承受着来自于领导人、立法机构和政党的外在压力。如1999年台湾地区司法机构"大法官"作成"释字第499号解释"，废止"国民大会"通过的第5个"宪法增修条文"后，"大法官"遭到"国民大会"的报复：在"国民大会"于2000年通过的第6个"宪法增修条文"中，"大法官"的"终身职"保障在台湾地区现行"宪法"的层面被废止。② 除此之外，"大法官"在"核四"争议、有关"三·一九枪击案"的"真调会"案等涉及岛内蓝绿两党恶斗的政治案件中，都承受着较大的政治压力，最终只能以模糊处理收尾，甚至根本就未对系争争议做出裁决。从"释字第261号解释"至今的"大法官解释"来看，"大法官"在解释时能够做到坚持依据"法

① 祝捷：《外国宪法》，武汉大学出版社2010年版，第156页。
② 周叶中、祝捷：《台湾地区"宪政改革"研究》，香港社会科学出版社有限公司2007年版，第47页。

律"判断，而非完全受政治力的操纵，至多是受政治力的微妙影响或回避政治力的锋芒。然而，这并不能保证未来"大法官"在政治压力过大的情况下发生偏移，完全在政治力的操纵下作成不符合法律逻辑的裁判。

第三，台湾地区司法机构"大法官"从属于台湾地区的法律职业共同体，不可避免地受到法律职业共同体的影响。根据台湾地区有关规定，"大法官"的人选必须有着丰富的司法实务、法学教育或法学研究经验。从台湾地区"大法官"的构成来看，绝大部分"大法官"主要来自于岛内知名法学专家和资深法官，即均属于台湾地区的职业共同体。台湾学者杨智杰曾构建"大法官"实际决策行为模型，认为台湾地区司法机构"大法官"受立法机构的影响较小，但受到法律圈的强烈影响。杨智杰认为，出现这一现象的原因是台湾地区地域狭小，法律资源有限，导致法律圈的联结十分紧密，从而导致法律职业共同体对"大法官"的影响较大。[①] 特别是台湾地区司法机构"大法官"任职时间仅为 8 年，且不得连任，这就意味着越来越多的法学研究人员和法官将成为"大法官"，"大法官"人数的激增，难免出现前任"大法官"对现任"大法官"的裁判和"解释"进行评价、讨论乃至于指责、理论游说的现象，从而加深法律职业共同体对于"大法官"群体的影响。值得注意的是，由于相当一部分台湾地区的法律学人在政治偏好上倾向"台独"，因而未来"大法官"会在何种程度上受到法律职业共同体的影响，的确值得进一步观察。

台湾地区司法机构超然地位的相对性，决定了对于台湾地区司法机构的态度不可完全放任之、忽视之，而是将之置于台湾地区"政党轮替"的大格局中，分析和讨论其在"政党轮替"背景下对于两岸关系的影响。

第二节 台湾地区司法机构"大法官" 介入两岸关系的案件类型

由于司法权固有的消极性特征，台湾地区司法机构"大法官"对于两岸关系的介入，并不如台湾地区领导人和立法机构那样具有直接性和主动性，而必须依托个别案件的触发。台湾地区司法机构"大法官"在司法实

---

① 杨智杰：《建构大法官实际决策行为模型》，载《政大法学评论》2004 年第 81 期。

践中，多次就两岸关系作成"解释"，已经深度介入两岸关系。① 2016 年"政党轮替"后，两岸关系将进入一个深刻调整期，加之两岸双向交流和两岸融合的程度已经十分热络，各类潜藏在两岸关系和平发展大潮中的案件浮现的可能性较大，台湾地区司法机构"大法官"借司法个案介入两岸关系的可能性亦随之增大。根据两岸关系发展的现状和台湾地区内部政治局势的基本态势，台湾地区司法机构在两岸机构存废或预算、涉两岸事务有关规范以及两岸协议、大陆居民在台湾地区地位、"台独"团体行为等案件类型上，介入两岸关系。本书将从经验主义的角度出发，对案件类型和"大法官解释"的可能结果、论证脉络进行讨论。

一、两岸机构存废或预算的案件类型

台湾地区涉及两岸事务的机构较多，核心机构是"大陆事务委员会"（以下简称"台湾陆委会"），还包括负责两岸交往事务的财团法人海峡交流基金会及其他从事功能性两岸事务的各类协会，以及主管蒙藏事务的"行政院""蒙藏委员会"和涉及"福建省"的"福建省政府"等。这些机构在台湾地区部分政治势力看来，仍然是台湾地区公权力体系中具有"中国"意涵的部分，因而常成为"撤销""改隶"的对象。对于这些机构的存废和预算，因而亦有可能成为触发"大法官解释"的案件类型。

"大法官"在已有的司法实践中不乏解释两岸机构存废或预算案的先例。著名的"释字第 328 号解释"即起因于对于台湾陆委会和"蒙藏委员会"的预算案。在本案中，声请人陈婉真等 18 名"立法委员"的第一条声请请求是："立法院"审查 1993 年度预算时，对于台湾地区现行"宪法"第 4 条"'领土'，依其'固有之疆域'"中的"固有疆域"存在争议，攸关对台湾陆委会、"蒙藏委员会"以及其他相关性质单位预算之审查，声请解释台湾地区现行"宪法"第 4 条中所规定的"'领土'之范围"。② 该声请请求虽表面上是在审议台湾陆委会和"蒙藏委员会"预算时必须考虑的前置性问题，但实际锋芒是指向"疆域"，其用意已经是昭然若揭。对于此声请，"大法官"最终以"政治问题不审查原则"模糊处理之，尽管没有遂声请人及背后政治势力之愿，但"大法官"亦未对"大陆是否属于'中华

① 参见本书第三章。
② "释字第 328 号解释"之"声请书"。

民国'"作成明确"解释",从而留有后续再次被提起的空间。至于"福建省政府"地位则已经在"释字第481号解释"中获得明确,不再赘述案情和结论。

台湾陆委会、"蒙藏委员会"和其他涉及两岸事务的机构,在台湾地区不乏"台独"政党和团体的攻击。譬如在前述"释字第328号解释"的"声请书"中,陈婉真等"立法委员"就认为台湾陆委会和"蒙藏委员会"应当并入台湾地区"外交部",为"中国司"。由于青海、西藏、内蒙古等原属"蒙藏委员会"管辖的地区均在大陆,"蒙藏委员会"事实上并无实质性工作,民进党等政党和团体一直就此质疑"蒙藏委员会"存续的必要性。如2016年3月,民进党"立法委员"蔡易余等人提出提案,要求废止"蒙藏委员会"。①再如"海基会"及专为两岸交往成立的各类协会的性质、地位和作用等,虽在台湾地区尚未成为议题,但并不能排除有人就预算、存废问题提起司法诉讼。

至于"大法官"的可能态度,②尽管"大法官"在"释字第328号解释"中运用政治问题不审查原则,回避此问题,但由于"大法官"亦作成"释字第585号解释"和"释字第613号解释",③分别对"三·一九枪击案真相调查委员会"和"通讯传播委员会"(NCC)的存续和职能做出不利解释,因而并不能排除"大法官"对两岸事务机构作成不利"解释"。当然,两岸问题毕竟与单纯的机构预算和存废案不同,"大法官"即便欲作成不利两岸关系的"解释",亦需经过长期累积和积淀,近期或中期作成的可能性并不大。

二、涉两岸事务有关规定以及两岸协议的案件类型

台湾地区处理两岸事务的依据以"两岸人民关系条例"为主轴,"两岸人民关系条例"涉及两岸事务的处理机制和两岸有关规定适用问题。"两岸人民关系条例"系以"一国两区"为两岸政治关系定位模式建构起

---

① 《台民进党"立委"提案废除"蒙藏委员会"》,资料来源:http://www.guancha.cn/local/2016_03_03_352780.shtml,最后访问日期:2016年3月4日。
② 由于本书事实上无法预知后续"大法官"的裁判意图,因而只能以"遵循先例"原则为基础,根据台湾地区政治局势判断"大法官"的可能判决。
③ 周叶中、祝捷:《台湾地区"宪政改革"研究》,香港社会科学出版社有限公司2007年版,第244—256页。

两岸交往的制度框架，并以其他单行法规填充之。两岸透过两会事务性商谈框架，形成近 30 项各类协议、备忘录和共识，这些也构成了两岸交往的规范依据和调整两岸交往关系的法律渊源。无论是"两岸人民关系条例"，还是两岸协议（特别是尚未审议通过的《海峡两岸服务贸易协议》），均遭到岛内"台独"分裂势力的质疑和指责。除这些既有的涉两岸事务有关规定外，台湾地区另有拟议中的涉两岸事务有关规定，如涉及审议监督两岸协议的有关规定，已经成为岛内统"独"双方博弈的焦点议题之一。因此，在上述有关规定和协议审议、适用过程中，均有可能发生触发"大法官解释"的可能。

对于两岸协议和以"两岸人民关系条例"为主轴的两岸事务有关规定体系，台湾地区司法机构已经作成多个"解释"。经典的"释字第 329 号解释"直接与两岸协议的性质有关。本案起因为 1993 年海协会会长汪道涵和海基会董事长辜振甫签署《汪辜会谈共同协议》等四项协议，该四项协议是否应送"立法院"审议，以何种程序审议，以及两岸签署的协议是否为"条约"等问题。① 对于本案，台湾地区司法机构"大法官"在"解释"中，认为两岸订定之协议，并非"国际书面协定"，事实上没有将两岸协议定性为"条约"。关于"两岸人民关系条例"及依据制定的规定，在台湾地区司法机构亦多有涉及。如"释字第 497 号解释""释字第 618 号解释"以及"释字第 710 号解释""释字第 712 号解释"均与此有关。不过，"大法官"对于"两岸人民关系条例"的态度并非一成不变。前两号"解释"中，"大法官"肯定区隔两岸、对两岸居民采取不平等对待的规定采取肯定态度，肯定了"两岸人民关系条例"相关条文的"合宪性"，而后两号"解释"则认为"两岸人民关系条例"相关条文违背平等原则而"违宪"不予适用。比较两组"解释"作成的时代背景，前两号"解释"作成于李登辉、陈水扁时期，而后两号"解释"作成于马英九时期，"大法官"的组成、政治态度受时代影响的特点显露无遗。

目前，两岸事务有关规定和两岸协议问题已经成为岛内涉及两岸事务的核心议题。2014 年发生的"太阳花学运"与两岸签署《海峡两岸服务贸易协议》有着密切关联。除争议颇大的 ECFA 和服贸协议外，诸如《海峡两岸海运协议》《海峡两岸避免双重课税及加强税务合作协议》《海峡两岸共

① "释字第 329 号解释"之"声请书"。

同打击犯罪及司法互助协议》等内容，都涉及台湾地区的租税法定原则和司法管辖权等敏感问题。岛内部分政治势力一直想通过制定"两岸协议监督条例"或其他类似条例来制约和限制两岸签署协议的问题，而在该"条例"制定过程中，已经再次出现两岸协议如何定性的问题。民进党在 2014年提出的"两岸协议监督条例"文本，在名称上使用了"台湾与中国缔结协议处理条例"，已经公开地用"两国论"定位两岸协议。一旦岛内对两岸协议的性质、监管方法等问题产生争议，被提起"大法官解释"的可能性相当之大。"大法官"对此问题的态度暂不明确，如按"遵循先例"的原则，"大法官"极有可能再次形成"两岸协议非属国际条约"的"解释"。但是否会在该"解释"基础上，更进一步附加其他可能的限定词或新表述，如"对两岸协议之处理，可类比国际条约"，则难以预估。

三、大陆居民在台湾地区地位的案件类型

自两岸 1987 年恢复人员往来以来，大陆居民在台湾地区的地位问题就一直困扰着两岸交往。2008 年之前，大陆居民赴台仍然处于零散、少量的状态，除陆配外，绝大多数赴台的大陆居民主要是以个案处理方式进行的短期访问。2008 年后，台湾方面开放大陆居民赴台旅游、大陆资本赴台投资和大陆学生赴台就读，陆客、陆资、陆生与陆配一道成为大陆居民在台湾地区的四大主要群体。与群体数目增加相适应的，是大陆居民在台湾地区居留时间延长，居留状态常态化，因而其在台地位及其有关的权利保障问题显得更加突出。诸如陆客在台湾地区的权利保障、陆生参与台湾地区"健保"和政治权利、陆资的财产权利以及传统的陆配"法律"地位、陆客进入台湾地区权利等，都涉及两岸敏感的神经，因而将继续成为"大法官"介入两岸关系的案件类型。

大陆居民在台湾地区的地位和权利保障问题，历来是两岸交往的热点议题，已经成为大陆居民进入台湾地区（即"入出境"问题）、大陆居民在台湾地区担任公职等领域产生具体的争讼。台湾地区司法机构"大法官"先后形成"区别对待"和"平等对待"两个准则。[①] 除涉及大陆居民个体的"法律"地位和权利外，大陆居民在台湾地区的地位和权利问题，还涉及敏

---

① 祝捷：《平等原则检视下的大陆居民在台湾地区权利保障问题——以台湾地区"司法院""大法官解释"为对象》，载《法学评论》2015 年第 3 期。

感问题，直指两岸敏感神经。对于这一敏感问题。"大法官"至今没有逾越雷池，即便是"区别对待"准则运用至极致的"释字第 618 号解释"，亦认为大陆居民仍为"中华民国国民"，之所以"区别对待"的原因是"两岸处于分离且政治、经济与社会体制存在巨大本质差异"，而非大陆居民为"外国人"。① 相反，对大陆居民权利保障有利的"释字第 710 号解释"引用"国际人权公约"作为保障大陆居民的权利，反而有将大陆居民类比"外国人"的意味在中。②

在案件发生可能性和触发点的部分，由于两岸人员往来已经十分热络，陆配、陆生、陆客和陆资四大群体往来两岸以及在台湾地区长期居留已经常态化。大陆居民在台湾地区的"法律"地位和权利保障问题已经从 2008 年前的偶发向着高发转变。陆客、陆资在台旅游、投资期间，都曾受到权利侵害，从而引发争讼。陆生在台湾高校就读期间能否参加台湾地区的健保和参加学校社团活动权利等问题，也都引发岛内关注和争议，也在两岸引发不大不小的风波。这些案件虽目前尚未上升到台湾地区司法机构"大法官解释"的程度，甚至未能引起具体的司法争讼，但随着量的累积，未来进入台湾地区司法机构"大法官解释"范围的可能性仍然较大。

从先例裁判来看，"大法官"作成类似于"大陆居民系'外国人'"之类表述的可能性较小。即便搁置在"释字第 710 号解释"中形成的"平等对待"准则，而重新祭出"区别对待"准则，"大法官"在论证脉络上仍会以引用"两岸人民关系条例"为据。"大法官"仍有可能在具体论证时，采取类似于将大陆居民按照"普世性的人"而非拥有特定国籍的人的论证思路，刻意回避大陆居民的国籍问题，从而将台湾社会已经出现的"认同"空洞化趋势，在司法途径予以确认。

四、"台独"团体的行为

"台独"团体是台湾地区主张"台独"并从事"台独"分裂活动的团体。台湾地区公权力机构对于"台独"团体行为的容忍度已经构成研判"台湾法理独立"程度的指标。2014 年"太阳花学运"后，台湾地区社会

---

① "释字第 618 号解释"之"解释文"。

② 当然，亦有学者认为"大法官"此举并未将大陆居民等同于"外国人"，参见祝捷：《平等原则检视下的大陆居民在台湾地区权利保障问题——以台湾地区"司法院""大法官解释"为对象》，载《法学评论》2015 年第 3 期。

运动开始呈现多元化、热络化的样态。2016 年立法机构民意代表选举中，社会运动出身的"时代力量"异军突起，成为立法机构第三大政党，标志着社会运动已经开始冲击台湾地区传统的两党政治格局。台湾地区社会运动鱼龙混杂，其中不承认"九二共识"、抵制两岸关系和平发展的社团占据着主流的话语权。在台湾地区司法机构"释字第 644 号解释"解禁"台独"言论后，"台独"团体采取更加激进的举动，几乎是一种必然。"台独"团体的行为如若进入司法程序，极有可能成为台湾地区司法机构"大法官"介入两岸关系的案件类型。

从广义角度而言，类似于"释字第 328 号解释"和"释字第 329 号解释"的案件，均可以理解为"台独"团体或政客对于一个中国原则的挑衅。若从作为社会团体的"台独"团体角度而言，台湾地区司法机构"大法官"作成的"解释"主要是"释字第 479 号解释"和"释字第 644 号解释"。在"释字第 479 号解释"中，原"中国比较法学会"意图改名为"台湾法学会"，台湾地区司法机构"大法官"以社会团体的"结社自由"为名，肯定其改名行为的"合宪性"，使得一个社团冠以"台湾"之名。"释字第 479 号解释"因而为台湾当局"去中国化"和突出"台湾主体性"的政策有了法理依据。"释字第 644 号解释"则废止"人民团体法"有关不得主张共产主义和"分裂国土"的规定。"大法官"采取美国最高法院在"耶茨诉合众国"案中"言论"与"行为"的两分法，仅认定"台独"言论属台湾地区现行"宪法""言论自由"保障之内容，排除对"台独"行为的保障。"大法官"在"解释理由书"中提到："若人民团体经许可设立后发现其有此主张，依当时之事实状态，足以认定其目的或行为危害'自由民主之宪政秩序'者，主管机关自得……撤销其许可，而达禁止之目的。"[①]"释字第 479 号解释"和"释字第 644 号解释"用公认的宪法学理论为论证具有"台独"属性的社会团体从事"台独"行为的"合宪性"，形成了"隐性台独"的司法论证模式。

前文已述，"太阳花学运"后，"台独"社团借助社会运动的舞台，获得参与政治的机会，在台湾地区的政治场域已经获得一席之地。后 2016 时期，"台独"社团的空间更为广阔，采取更加激进的举措推进"台独"是必然之事。如在 2016 年 3 月台湾地区新立法机构会期伊始，来自于"台独"

[①] "释字第 644 号解释"之"解释理由书"。

分裂势力的民意代表已经提出诸如"废国父"等"台独"主张，引发岛内论争。类似事件在未来极有可能常态化发生，演化为司法争讼的可能性较大，台湾地区司法机构迟早会卷入"台独"社团引发的统"独"争议之中。当然，与前述案件类型一样，台湾地区司法机构"大法官"未见得会作成明确、直白的"解释"，更大可能性为模糊处理之。"政治问题不审查"等台湾地区司法机构"大法官"回避具体争议的原则，再度被使用的可能性较大。

当然，台湾地区政治局势有着多变性的特点，台湾地区司法机构"大法官"所扮演的角色基本上是社会舆论的归纳者、形塑者和总结者。台湾地区司法机构"大法官"对于两岸关系和统"独"问题的"解释"，相当程度上是台湾社会舆论的体现。在此意义上，台湾地区司法机构"大法官的解释"受台湾社会舆论的影响程度较大。未来两岸关系如何发展，台湾社会舆论如何发展，以及台湾地区司法机构"大法官"如何对两岸关系做出"解释"和回应，都值得进一步的观察。

第三节　"政党轮替"后台湾地区司法机构"大法官"与两岸关系的前景

台湾地区发生"政党轮替"后，认同"九二共识"的国民党失去了立法权和行政权，在立法机构中成为少数党，而至今不承认"九二共识"的民进党重新在台执政，掌握台湾地区立法机构的多数席位、台湾地区领导人及行政机构和台湾地区半数以上县市的执政权，其中包括 6 个"直辖市"中的 5 个。可以说，民进党已经在台湾地区全面执政，其权力已经达到1996 年台湾地区第一直选领导人以来的最大值。必须承认，台湾地区内部政治局势对于两岸关系有着不可忽视甚至是颠覆性的重要影响。民进党的全面执政，对于一个中国原则和两岸关系和平发展是一次巨大的冲击。如何在民进党全面执政的条件下，继续维护一个中国原则不动摇，坚持"九二共识"及其核心意涵，坚持推进两岸关系和平发展，是一项严肃的课题和任务。从台湾地区的权力结构而言，台湾地区司法机构在两岸关系中的地位和作用非常微妙：一方面，台湾地区司法机构相对于立法机构、行政机构以及台湾地区各政党的超然地位，客观上决定了其能够成为遏制"台湾法理独立"的一股力量，特别是在民进党全面执政的背景下，相对超然的台湾地区司法机构甚至成为台湾地区现行体制内唯一能够阻挡民进党挑战两岸关系底线的力量；另一方面，台湾地区司法机构超然地位并不是绝对的，在人事变动、政治力诱导、外部压力的情况下，台湾地区司法机构亦会发生类似于"政党轮替"效果的人员更换和态度转变，再次出现"释宪台独"① 危险亦非完全不可能。因此，在后"政党轮替"时期，加强对于台湾地区司法机构"大法官"与两岸关系前景的分析和研究，已经尤为必要。

　　2015 年，蔡英文在美国智库 CSIS 发表演讲，提出"宪政体制"的概念。至今，"宪政体制"已经广为人知，并且成为蔡英文两岸政策的一大说辞。对于"宪政体制"，蔡英文对此有着具体的描述："我所说的是现行'宪政体制'，我也以教授身份提供定义，包括'宪法'的内文、'增修条例'、相关'宪政'释文、法官判决以及当局与人民的相关运用，只要是跟'宪法'有关、跟'释宪'运用有关，都含在我所谓的现行'宪政'体制里。"② 事实上，从 20 世纪 90 年代台湾当局发动"宪政改革"以来，台湾地区现行"宪法"就陷入了"一部'宪法'，各自表述"的境地。③ 人们既可以从中读出台湾地区现行"宪法"所体现的"一中性"，又能够从中读出"台独"的内容。从策略角度而言，台湾地区现行"宪法"至今在文本上仍然坚持一个中国的原则，仍然以"一国两区"作为两岸政治关系的定位，本书所论述的台湾地区司法机构"大法官"在两岸政治定位和统"独"问题上，仍必须以这部含有"一中性"内容为依据，因此，这部"宪法"对于坚持"九二共识"的共同政治基础、遏制"台独"方面，仍是重要资源。④

　　由于 2016 年 1 月后，台湾地区再度发生"政党轮替"。不仅如此，不承认"九二共识"的民进党已经占据超过半数以上的席位，加上与民进党政治立场接近的"时代力量"亦占据 5 个议席，在 2005 年后认为不可能启动的"修宪"程序极有可能在后 2016 年时代重启。与马英九在上任后即明确提出"护宪、行宪比修宪更重要"不同，蔡英文所提出的所谓"宪政体

---

　　① 周叶中、祝捷：《台湾地区"宪政改革"研究》，香港社会科学出版社有限公司 2007 年版，第 379 页。

　　② "蔡英文在华府智库演说首度提出：'中华民国宪政体制'下推动两岸关系"，载（台湾）《联合报》2015 年 6 月 5 日。

　　③ 曾建元：《一个"宪法"，各自表述：台湾"宪法"秩序中的"一个中国架构"》，载《中华通识教育学刊》2006 年第 4 期。

　　④ 周叶中、祝捷：《论宪法资源在两岸政治关系定位中的运用》，载《法商研究》2013 年第5 期。

制"如前所述，在所涵盖的范围上，已经超出了目前台湾地区现行"宪法"的文本。更为重要的是，民进党内主张推动"宪法"修改，特别是通过"修宪"为"台独""正名"的声音一直未断。在后 2016 民进党全面执政的背景下，"修宪"亦非不可能！可以说，台湾地区面临着自 1997 年以来最为严峻的"宪改台独"危机。

如何借助台湾地区现行"宪法"的"一中性"资源，维护"九二共识"和两岸关系和平发展的政治基础，避免台湾地区"宪改台独"再现对于两岸关系和平发展产生不可逆的影响，是未来两岸关系的热点之一。台湾地区司法机构无疑将扮演极为重要的作用。由于台湾地区司法机构在台湾地区"政党轮替"中的相对超然地位，台湾地区司法机构事实上扮演着在"政党轮替常态化"的背景下守护台湾地区现行"宪法"的角色。重视台湾地区司法机构在台湾地区的特殊地位和作用，极大发挥台湾地区司法机构的政治功能，已经成为大陆遏制"台湾法理独立"的一个重要选项。必须客观认识到，台湾地区司法机构对于"政党轮替"的超然地位是相对的，不是绝对的。目前的台湾地区司法机构正副负责人和其余"大法官"在未来几年内都将退任，而蔡英文可以凭借领导人对"大法官"的提名权，在未来几年内对台湾地区司法机构"大法官"进行换血，这也为台湾地区司法机构究竟以何态度应对两岸关系增加了变数。根据岛内政治实践和台湾地区相关规定，2016 年 5 月，蔡英文可以更换台湾地区司法机构正副负责人，从而获得对台湾地区司法机构的相对主导权。在 2016 年 10 月 31 日，黄茂荣、陈敏、陈春生、陈新民和叶百修等 5 名"大法官"将退任，蔡英文任命 5 名。至 2019 年 9 月 30 日，马英九任台湾地区领导人时任命的"大法官"均将退任，蔡英文在第一个领导人任期内就可以完成对台湾地区司法机构的人事改组。这种渐进性的人事改组，未必如领导人层次和民意机构层次的人事更替引人注目，但其在一定程度上消解了对于台湾地区现行"宪法"的安全底线，对于一个中国原则和两岸关系和平发展亦有潜在的危害。

未来的两岸关系将充满变数，起着政治争议裁决者和台湾地区现行"宪法"守护者作用的台湾地区司法机构必将在台湾地区内部政局和两岸关系发展的大潮中上下浮沉。对于大陆而言，台湾地区司法机构的地位和作用理应获得足够的重视，以台湾地区司法机构为切入点，为"九二共识"和两岸关系和平发展构建防控"台独"的底线。在此方面，大陆应当更加注重对台湾地区法学界和司法界的工作力度，在对台工作中建立法治的底线，建构符合两岸关系和平发展和祖国完全统一的法律战略和法律策略，推进两岸法学界的融合式互动和体验式交流，从两岸法学界和司法界的"法治互信"入手，借助两岸各自的有关规定都体现的"一中性"，建构两岸对于"一中"的法理共识和法理互信，为累积政治领域的互信奠定牢固的法治基础。

　　不可否认，后 2016 年以及常态化的台湾地区"政党轮替"后，台湾地区内部政治局势对一个中国原则和两岸关系和平发展的政治基础将形成越来越严峻的挑战。无论台海风云如何变幻，只要我们积极运用法治思维和法治方式，特别是宪法思维和宪法方式，调动包括台湾地区司法机构在内的各类资源，依法维护一个中国原则，依法保障两岸关系和平发展，两岸关系和平发展和祖国完全统一的前景仍可期待！

参考文献

一、著作类文献

1. 陈慈阳：《宪法学》，元照出版社 2005 年版。

2. 陈道英：《日美司法审查比较研究——以司法消极主义为视角》，人民出版社 2008 年版。

3. 陈孔立：《台湾学导论》，博扬出版社 2004 年版。

4. 陈晓枫、柳正权：《中国法制史》（下册），武汉大学出版社 2012 年版。

5. 陈志华：《"中华民国宪法"》，三民书局股份有限公司 2005 年版。

6. 傅肃良：《中国宪法论》，三民书局 1989 年版。

7. 韩德培：《国际私法问题专论》，武汉大学出版社 2004 年版。

8. 黄锦堂：《地方自治法制化问题之研究》，月旦出版社股份有限公司 1995 年版。

9. 荆知仁：《中国立宪史》，联经出版事业股份有限公司 1987 年版。

10. 李炳南：《"宪政改革"与"国民大会"》，月旦出版社股份有限公司 1994 年版。

11. 李辉：《论司法能动主义》，中国法制出版社 2012 版。

12. 李惠宗：《宪法要义》，元照出版社 2001 年版。

13. 李震山：《多元、宽容与人权保障——以宪法未列举权之保障为中心》，元照出版公司 2005 年版。

14. 廖国宏：《论"政治问题"大法官不予审理原则》，台湾大学三民主义研究所硕士论文 1999 年。

15. 林谷蓉：《"中央"与地方权限冲突》，五南图书出版公司 2005 年版。

16. 林纪东：《"中华民国宪法"逐条释义》（三），三民书局 1982 年版。

17. 林立：《法学方法论与德沃金》，中国政法大学出版社 2002 年版。

18. 刘山鹰:《中国的宪政选择——1945 年前后》，北京大学出版社 2005 年版。

19. 聂鑫:《中西之间——历史与比较法视野下的法律现代化问题》，法律出版社 2015 年版。

20. 聂鑫:《中国法制史讲义》，北京大学出版社 2014 年版。

21. 王利明:《司法改革研究》，法律出版社 2000 年版。

22. 王英津:《台湾地区政治体制分析》，九州出版社 2010 年版。

23. 谢政道:《孙中山之宪政思想》，五南图书出版公司 1999 年版。

24. 吴庚:《宪法的解释与适用》，三民书局 2004 年版。

25. 许育典:《宪法》，元照出版公司 2006 年版。

26. 薛波主编:《元照英美法词典》，法律出版社 2003 年版。

27. 严存生:《法理学》，中国政法大学出版社 2009 年版。

28. 张君劢:《"中华民国民主宪法"十讲》，洛克出版社 1997 年版。

29. 朱松岭:《国家统一宪法学问题研究》，香港社会科学出版社有限公司 2011 年版。

30. 周叶中、祝捷:《台湾地区"宪政改革"研究》，香港社会科学出版社有限公司 2007 年版。

31. 祝捷:《走出"方法越多秩序越少"的困境——宪法解释方法论之批判与重构》，载《第二届全国公法学博士生论坛论文集》2007 年。

32. 祝捷:《外国宪法》，武汉大学出版社 2010 年版。

33. 祝捷:《两岸关系定位与国际空间——台湾地区参与国际活动问题研究》，九州出版社 2013 年版。

34. "'立法院''宪法草案'宣传委员会"编:《"中华民国宪法草案"说明书》，正中书局 1940 年版。

35. 台湾地区"行政院研究发展考核委员会"编印:"两岸协议推动过程行政与立法机关权限及角色之研究"，2012 年。

36. ［德］施米特著:《宪法学说》，刘锋译，上海人民出版社 2005 年版。

37. ［德］施米特著:《政治的概念》，刘宗坤、朱雁冰译，上海人民出版社 2008 年版。

38. ［法］孟德斯鸠:《论法的精神》，张雁深译，商务印书馆 1982 年版。

39. ［法］托克维尔：《论美国的民主》，董果良译，商务印书馆 1997 年版。

40. ［美］德沃金：《法律帝国》，李常青译，中国大百科全书出版社 1996 年版。

41. ［美］托克维尔：《论美国的民主》，董国良译，商务印书馆 1997 年版。

42. ［美］德沃金：《认真对待权利》，信春鹰、吴玉章译，中国大百科全书出版社 1998 年版。

43. ［美］保罗·布莱斯特等：《宪法决策的过程：案例与材料》（上册），张千帆、范亚峰、孙雯译，中国政法大学出版社 2002 年版。

44. ［美］波斯纳：《联邦法院——挑战与改革》，邓海平译，中国政法大学出版社 2002 年版。

45. ［美］伊利：《民主与不信任》，朱中一、顾运译，法律出版社 2003 年版。

46. ［美］阿克曼：《我们人民：宪法的根基》，法律出版社 2004 年版。

47. ［美］伯纳德·施瓦茨：《美国最高法院史》，毕洪海等译，中国政法大学出版社 2005 年版。

48. ［美］亚历山大·比克尔：《最小危险部门》，姚中秋译，北京大学出版社 2007 年版。

49. ［美］汉密尔顿：《联邦党人文集》，商务印书馆 2009 年版。

50. ［美］图施耐特：《新宪法秩序》，王书成译，中国人民大学出版社 2014 年版。

51. ［英］戴维·M·沃克：《牛津法律大辞典》，光明日报出版社 1988 年版。

二、论文类文献

1. 蔡茂寅：《论"中央"与地方权限划分问题》，载《月旦法学杂志》2003 年第 2 期，第 39 页。

2. 蔡秀卿：《又是权力斗争的牺牲品——试评析"大法官释字第六一三解释"》，载《月旦法学杂志》2006 年第 137 期。

3. 蔡秀卿：《台北市里长延选事件与地方自治》，载蔡秀卿著：《地方自治法理论》，学林文化事业有限公司 2003 年版。

4. 陈兵：《选举制度与台湾政党体系变迁》，载《现代台湾研究》2014年第2期。

5. 陈健：《略论选举制度、政府体制与政党体系的相关性——对我国台湾政治实践的思考》，载《太平洋学报》2009年第4期。

6. 陈健：《政党政治抑或大党政治——台湾"立委"选举制度分析》，载《学海》2014年第2期。

7. 陈长文、林超骏：《论人民"返国"入境权力之应然及其与平等权、"国籍"等问题之关系》，载《政大法学评论》第92期，2006年。

8. 陈金钊：《哲学解释学与法律解释学——〈真理与方法〉对法学的启示》，载《现代法学》2001年2月第23卷第1期。

9. 陈淑芬：《"中央"与地方因地方自治监督所生之争议——评"司法院大法官释字第553号解释"》，载《月旦法学杂志》第98期，2003年。

10. 黄昭元：《司法违宪审查的正当性争议》，载《台大法学论丛》2003年第6期。

11. 黄昭元：《2014年"宪法"发展回顾》，载《台大法学论丛》2015年第44卷。

12. 黄明瑞：《从二则"反攻大陆"判例的作成与废止论民法上的政治解释》，载《台大法学论丛》第34卷第4期，2005年。

13. 李建良：《论司法审查的政治界限》，载李建良：《宪法理论与实践》（一），学林文化事业有限公司2003年版，第279页。

14. 李建良：《国家高权行为与公法诉讼制度》，载李建良：《宪法理论与实践》（一），学林文化事业有限公司2003年版，第367—368页。

15. 李鸿禧：《"中华民国立宪政治"的病理分析——以孙文的五权宪法为中心》，载《台湾"宪法"之纵剖横切》，元照出版社2000年版。

16. 李慧宗：《组织法的"宪法"解释——兼评"司法院大法官会议释字第387与419号解释"》，载《台大法学论丛》1997年第20卷第4期。

17. 李理：《"去中国化"的台湾中学历史教科书编纂》，载《台湾研究集刊》2008年第2期。

18. 李念祖：《美国宪法上"政治问题"理论与释字第三二八号解释》，载《律师通讯》第177期。

19. 李仁淼：《自制宪权之观点思考"我国宪政改革"之问题点》，载《月旦法学杂志》第144期，2014年10月。

20. 廖钦福、王劲力：《台湾地区 2012 年"财政收支划分法"修正草案之立法借镜与展望》（上），载《交大法学》2014 年第 1 期。

21. 廖元豪：《"司法院大法官法律违宪解释"之研究——以第五届、第六届"大法官"为中心》，载《政大法学评论》第 63 期，2000 年。

22. 廖元豪：《从政治问题理论论两岸关系"宪法"定位之司法性》，载《政大法学评论》第 81 期。

23. 廖元豪：《释字六一三后，独立机关还剩多少空间?》，载《台湾本土法学杂志》2006 年第 87 期。

24. 刘孔中：《怪哉! 以巩固行政权为职志的六一三号解释》，载《月旦法学杂志》2006 年第 136 期。

25. 苏永钦：《"大法官"解释"政府"体制的方法》，载《公法学与政治理论——吴庚"大法官"荣退论文集》，元照出版公司 2004 年版。

26. 苏永钦：《结果取向的"宪法解释"》，载苏永钦：《"合宪性"控制的理论与实践》，月旦出版社股份有限公司 1994 年版。

27. 石世豪：《赶不上历史脚步的"宪法释义"》，载《月旦法学杂志》2006 年第 136 期。

28. 汤德宗：《"大法官"有关"权力分立原则"解释案之研析》，载汤德宗：《权力分立新论》（卷二），元照出版社 2005 年版，第 387 页。

29. 汤德宗：《"宪法解释"与"违宪"审查——"司法院大法官释字 520 号解释"案评释》，载汤德宗：《权力分立新论》（卷一），元照出版社 2005 年版，第 152—178 页。

30. 王英津：《试论台湾地区的政体形式及其走向》，载《台海研究》2015 年第 2 期。

31. 王英津：《台湾"宪政"改革以来的政治体制变迁刍议》，载《新视野》2012 年第 2 期。

32. 翁岳生：《大法官功能演变之探讨》，载《台大法学论丛》第 23 卷第 1 期，1993 年。

33. 萧文生：《百分之五政党门槛之"合宪性"——"司法院释字第 721 号解释"评析》，载《台湾法学杂志》2014 年第 252 期。

34. 修春萍、刘佳雁：《论台湾参与国际组织的几个法律问题》，载《台湾研究》2005 年第 5 期。

35. 许志雄：《"宪法"保障与"违宪"的"宪法"规范——"司法院

释字第四九九号解释"评析》，载许志雄：《宪法秩序之变动》，元照出版社2000年版，第305页。

36. 许宗力：《两岸关系法律定位百年来的演变与最新发展——台湾的角度出发》，载《月旦法学杂志》第12期，1996年4月。

37. 颜厥安：《规则、理性与法治》，载颜厥安：《宪邦异式——宪政法理学论文集》，元照出版公司2005年版。

38. 杨兴龄：《"大法官第二六一号解释"与"我国宪政"发展——"万年国会"的形成与终结》，载《宪政时代》第23卷第3期，1998年。

39. 杨智杰：《建构大法官实际决策行为模型》，载《政大法学评论》2004年第81期。

40. 叶俊荣：《"宪政"的上升或沉沦：六度"修宪"后的定位和走向》，载《政大法学评论》第69期。

41. 叶俊荣：《从"转型法院"到"常态法院"——论"大法官释字第二六一号与第四九九号解释"的解释风格与转型脉络》，载《台大法学论丛》第31卷第2期。

42. 叶俊荣：《超越转型》，载李鸿禧等著：《台湾"宪法"之纵剖横切》，元照出版公司2002年版。

43. 叶俊荣：《转型法院的自我定位：论"宪法解释"对"修宪"机制的影响》，载《台大法学论丛》2003年第32卷第6期。

44. 叶俊荣：《法统的迷思——台湾民主代表性的操控与重构》，载叶俊荣：《当代公法新论》（上），元照出版社2002年版，第450页。

45. 朱虎：《萨维尼的法学方法论评述》，载《环球法律评论》2010年第1期。

46. 朱天顺：《国民党在台湾的"法统"危机》，载《台湾研究集刊》1989年第3期。

47. 曾建元：《两岸事务与司法控制——"司法院大法官议决释字第三二九号解释"评释》，载《法令月刊》50卷第2期，1999年2月。

48. 曾建元：《一个"宪法"，各自表述：台湾"宪法"秩序中的"一个中国架构"》，载《中华通识教育学刊》2006年第4期。

49. 曾建元、谢秉宪：《民主政治、立宪主义与司法审查——"司法院大法官"议决释字第499号解释评释》，载《厦门大学法律评论》2001年第2期。

50. 曾润梅：《台湾选举制度及其影响初探》，载《台湾研究》2002 年第 2 期。

51. 曾润梅：《略论台湾"单一选区两票制"及其政治影响》，载《台湾研究》2007 年第 2 期。

52. 张华：《台湾"大选"选制的影响》，载《两岸关系》2011 年第 12 期。

53. 张文生：《李登辉分裂主义路线的社会与政治根源》，载《台湾研究》2010 年第 4 期。

54. 张文生：《台湾"国民大会"制度的历史演变》，载《台湾研究集刊》2000 年第 4 期。

55. 周叶中、段磊：《论两岸协议的接受》，载《法学评论》2014 年第 4 期。

56. 周叶中、祝捷：《两岸治理：一个形成中的结构》，载《法学评论》2010 年第 6 期。

57. 周叶中、祝捷：《论宪法资源在两岸政治关系定位中的运用》，载《法商研究》2013 年第 5 期。

58. 周叶中、祝捷：《我国台湾地区"司法机构大法官解释"两岸关系的方法》，载《现代法学》2008 年第 1 期。

59. 周叶中、祝捷：《1946 年〈中华民国宪法〉评论》，载周叶中、江国华主编：《从工具选择到价值认同：民国立宪评论》，武汉大学出版社 2010 年版。

60. 祝捷：《平等原则检视下的大陆居民在台湾地区权利保障问题——以台湾地区"司法院大法官解释"为对象》，载《法学评论》2015 年第 3 期。

61. 祝捷：《论"宪政—治理"框架下的两岸政治关系合情合理安排》，载《台湾研究集刊》2015 年第 5 期。

62. 祝捷：《联邦德国基本法与德国的统一》，载《武汉大学学报（哲学社会科学版）》2010 年第 5 期。

三、台湾地区有关规范性文件

1. 台湾地区司法机构"释字第 31 号解释"
2. 台湾地区司法机构"释字第 76 号解释"

3. 台湾地区司法机构"释字第 85 号解释"

4. 台湾地区司法机构"释字第 150 号解释"

5. 台湾地区司法机构"释字第 177 号解释"

6. 台湾地区司法机构"释字第 185 号解释"

7. 台湾地区司法机构"释字第 188 号解释"

8. 台湾地区司法机构"释字第 242 号解释"

9. 台湾地区司法机构"释字第 261 号解释"

10. 台湾地区司法机构"释字第 299 号解释"

11. 台湾地区司法机构"释字第 328 号解释"

12. 台湾地区司法机构"释字第 329 号解释"

13. 台湾地区司法机构"释字第 381 号解释"

14. 台湾地区司法机构"释字第 387 号解释"

15. 台湾地区司法机构"释字第 392 号解释"

16. 台湾地区司法机构"释字第 419 号解释"

17. 台湾地区司法机构"释字第 467 号解释"

18. 台湾地区司法机构"释字第 479 号解释"

19. 台湾地区司法机构"释字第 481 号解释"

20. 台湾地区司法机构"释字第 499 号解释"

21. 台湾地区司法机构"释字第 520 号解释"

22. 台湾地区司法机构"释字第 527 号解释"

23. 台湾地区司法机构"释字第 550 号解释"

24. 台湾地区司法机构"释字第 553 号解释"

25. 台湾地区司法机构"释字第 558 号解释"

26. 台湾地区司法机构"释字第 585 号解释"

27. 台湾地区司法机构"释字第 613 号解释"

28. 台湾地区司法机构"释字第 618 号解释"

29. 台湾地区司法机构"释字第 644 号解释"

30. 台湾地区司法机构"释字第 710 号解释"

31. 台湾地区司法机构"释字第 721 号解释"

四、网络资源

1. 《台湾开启马英九时代——2008 年 5 月 20 日马英九萧万长就职典

礼》，资料来源：http：//news. ifeng. com/special/twmxdianli/，最后访问日期：2016 年 3 月 4 日。

2.《台民进党"立委"提案废除"蒙藏委员会"》，资料来源：http：//www. guancha. cn/local/2016 _ 03 _ 03 _ 352780. shtml，最后访问日期：2016 年 3 月 4 日。

后　　记

　　2016 年后，台湾地区"政党轮替"背景下相对独立的司法机构扮演何种角色或将左右台湾内部政局和两岸关系发展。本书是在我的博士论文基础上改编而成，当初选择这个题目并非出于什么远见，而是看到大陆学界对于台湾地区司法权的研究较为薄弱，希望借此丰富两岸法制研究，将当前研究视角从宏观的两岸框架引入到具体的个案领域。

　　读博 5 年，其间经历结婚、生子，论文写作对于我这样的在职博士并非易事，动笔开题几易主题，至今已经一年有余，这期间被工作打断，几次放弃，又在师长同学的督促下，倒排工期逼迫自己在深夜拿起书本，一条条地核对台湾地区司法机构做出的 700 余个"宪法解释"，一页页地梳理两岸关系沿革资料，一点点地厘清论文脉络，一步步地完善理论架构，一遍遍地接受审查，终于完成起先认为不可完成的任务。

　　临到书即将出版，仍不敢相信自己能坚持到这一步，纵然读博期间一度焦虑到靠药物入睡，现在回想起来还是一段难以忘怀的时光，孤独的思考、难得的寂寞何尝不是一种清福。只是无奈时间过得太快，有太多遗憾，后悔没有多蹭几次图书馆享受宁静的书香时光，后悔缺席学术交流未聆听同侪的真知灼见，后悔未趁此在珞珈山水间吸收更多的人生养分。

　　我能够完成博士学业并能够顺利出版本书，首先感谢亲爱的老师们。我的导师江国华教授有着湖南人特有的激情和执着，感谢他不厌其烦的督促、鞭策，让我能完成这 5 年的学习。感谢我所敬仰的周叶中教授，他是大陆两岸法制研究的开创者，正是他的突破性研究，以法治思维解读台湾、分析台湾才成为学术主流。感谢睿智和幽默的秦前红教授，时常阅读秦老师在网络上发表的卓有见地的篇章，让我能够用更加理性的思维思考当下。感谢陈晓枫教授、柳正权教授、熊伟教授、伍华军老师、黄明涛老师，在老师们身上，我看到了学术的可亲可敬，感谢他们对我学习生涯、平时工作和博士论文提出了许多富有建设性的意见与建议。

　　读博期间，我有幸认识一批才智超群的同学们，他们是刘文戈、张佩钰、段磊、张小帅、张培、向雪宁、章小杉、宋静、王萌、沈拓，感谢他们为我在学习、生活和学术上提供了许多帮助和便利。很多人已经毕业，很多人和我一起前行，还有人依然坚守，祝他们好运安康！

我能完成博士学业还离不开所在单位新华社的支持和领导同事们的帮助。感谢唐卫彬社长，正是她的坚持我才能从安徽调回湖北，也才有了重回书桌的机会，她的笑容和声音总是温暖人心。感谢已经调任北京分社的梁相斌社长，他的勤勉、正直和豁达，让我遇到困难时总有满满的正能量做支撑。感谢《半月谈》的叶俊东社长，湖北分社的江时强副社长、刘紫凌组长、周甲禄常务副总编、熊金超副总编和中国财富网张先国总经理的指导，还有我的一群同事们，在这帮集中了湖北各地文科佼佼者的优秀团队中，我只得倍加努力方能跟上步伐。

来自家人无私的爱永远是我前进的动力。感谢我的爸爸妈妈和公公婆婆，我能够没有后顾之忧，投入到学习中，离不开家人的支持和理解。

最后需要感谢的是我的先生和儿子，正是他们的陪伴，才让我有了重回校园的冲动，也有了坚持到底的勇气和毅力。

人生无非迎来送往，越往后，说再见的时候越多，纵是千般不舍，也只能挥挥手继续前行。我与校园的同学、朋友们从初识到再见，只愿青春不老、初心永在。